NCS기반
항공객실서비스

# 승객 탑승 전 준비·승객 탑승 및 이륙 전 서비스

***Preparation Before Passenger on Board & Cabin Service Before Boarding/Take-off***

**Yim Yeon Kyung**
**Jang Kyung Hoon**



ISBN-13: 978-89-6218-473-0

**Cengage Learning Korea Ltd.**
14F YTN Newsquare 76 Sangamsan-ro
Mapo-gu Seoul 03926 Korea
Tel: (82) 2 330 7000
Fax: (82) 2 330 7001

Cengage Learning is a leading provider of customized learning solutions with office locations around the globe, including Singapore, the United Kingdom, Australia, Mexico, Brazil, and Japan.
Locate your local office at: **www.cengage.com**

Cengage Learning products are represented in Canada by Nelson Education, Ltd.

To learn more about Cengage Learning Solutions, visit **www.cengageasia.com**



Printed in Korea
Print Number: 01 Print Year: 2020

NCS기반
항공객실서비스

# 승객 탑승 전 준비·승객 탑승 및 이륙 전 서비스

Preparation Before Passenger on Board & Cabin Service Before Boarding/Take-off

임연경 · 장경훈 지음

CENGAGE

Andover • Melbourne • Mexico City • Stamford, CT • Toronto • Hong Kong • New Delhi • Seoul • Singapore • Tokyo

**임연경** /
현) 제주관광대학교 항공서비스과 초빙교수
인하공업전문대학 항공운항과 졸업
제주대학교 관광개발학과 박사과정
대한항공 객실승무원 12년 근무
대한항공 웹사이트 모델

**장경훈** /
현) 제주관광대학교 항공서비스과 학과장
제주관광대학교 혁신지원사업단 총괄팀장
제주대학교 전자공학과 졸업
제주대학교 전자공학과 대학원 석사
제주대학교 전자공학과 대학원 박사 수료
제주대학교 경영대학원 관광학 석사

(NCS기반 항공객실서비스)

# 승객 탑승 전 준비 · 승객 탑승 및 이륙 전 서비스

초판 1쇄 인쇄 | 2020년 2월 21일
초판 1쇄 발행 | 2020년 2월 28일

지은이 | 임연경, 장경훈
발행인 | 송성헌
발행처 | 센게이지러닝코리아㈜
등록번호 | 제313-2007-000074호(2007.3.19.)
주 소 | 서울시 마포구 상암산로 76 YTN 뉴스퀘어 14층
전 화 | 02) 330-7000
이메일 | asia.infokorea@cengage.com
홈페이지 | www.cengage.co.kr

ISBN-13: 978-89-6218-473-0

정가 20,000원

## 머리말

이 교재는 필자가 항공운항과를 졸업하고 객실 승무원으로 12년간 근무한 후, 현재 제주 소재의 대학교 항공 서비스과에서 학생들을 지도하는 과정에서, 과연 객실 승무원이 되고자 준비하는 학생들에게 꼭 필요한 교재가 무엇일까 하는 오래 고민에서 집필하게 되었다.

객실 승무원 취업을 준비하는 항공 서비스과 학생들은 보다 생생하고 현장감 있는 기내 상황에서 제반 지식과 능력을 학습하고 싶어하지만, 아무리 훌륭한 교내 항공 실습실이 있다고 해도 실제 기내 환경이나 기자재를 보유하는 데는 한계가 있다. 따라서 이를 극복할 수 있는 것은 내용이 충실한 교재뿐임을 실감하게 되었다. 또한 항공 서비스과를 전공하지 않은 일반학과의 취업 준비생의 경우에는 객실 승무원 업무에 대한 정보가 부족하므로, 이러한 문제를 극복하기에 이 교재는 더더욱 도움이 될 것이다.

현재 거의 모든 대학의 항공 서비스과에서는 NCS(National Competency Standards, 국가직무능력표준)를 기반으로 한 교육과정을 운영하고 있다. 'NCS 항공 객실 서비스'는 '기내 안전관리', '승객 탑승 전 준비', '승객 탑승 및 이륙 전 서비스', '비행 중 서비스', '착륙 전 서비스', '착륙 후 서비스', '승객 하기 후 관리', '응급환자 대처', '객실 승무 관리' 등 서비스 절차에 따라 나누어져 있으며, 그에 따른 수행 능력을 평가함으로써 실무 중심의 교육을 목표로 한다. 그러나 NCS 능력 단위를 기반으로 한 체계적인 교재가 드문 실정이어서, 필자는 'NCS 항공 객실 서비스'를 능력 단위별로 구분하여 정리해 보았다.

이 교재는 '승객 탑승 전 준비'와 '승객 탑승 및 이륙 전 서비스' 능력 단위로 구성했으며, 승객 탑승 전 승무원이 기내에서 수행해야 할 전반적인 내용과 승객 탑승 후 항공기가 이륙하기 직전까지의 업무를 다룬다. 학습을 시작하기 전 반드시 수행 준거를 먼저 살펴본 후, 본문으로 들어가길 권한다. 학습 후에는 본문의 중요한 내용을 정리하고 다음 장으로 넘어갈 수 있도록, 각 장 뒷부분에 점검 단계 '잠깐! 점검해 볼까요?'를 넣어 구성하였다.

항공 서비스는 공간적 제약이 있는 환경에서 이루어지므로 승객이 탑승하기 전, 서비스 제공을 위한 사전준비 및 점검이 매우 중요하다고 할 수 있다. 승객에게 필요한 서비스 물품이나 기내식이 부족하게 탑재될 경우 이륙 후에는 더 이상 기내로의 조달이 어렵기 때문이다. 또 승객을 처음 맞이하는 승객 탑승 시점은 승객의 입장에서는 그날의 서비스를 가늠하는 중요한 순간이 되므로 승무원은 밝은 환영 인사와 프로페셔널한 자세로 승객에게 신뢰를 주어야 한다. 그리고 이착륙은 항공기 안전에 결정적 순간이므로 승객들이 안전하게 이륙할 수 있는 환경이 조성되도록 안내하는 능력 역시 승무원이 갖추어야 할 역량이다.

이 교재는 이러한 부분을 자세하게 다루고 있으며, 본 능력 단위는 객실 서비스의 기본으로 서비스인이 갖추어야 할 역량을 많이 담고 있다. 기본이 탄탄해야 좋은 서비스를 할 수 있음을 명심하고 서비스 기본자세 및 마인드 함양에 힘쓰길 바란다.

아무쪼록 이 교재를 채택한 모든 교수자나 학생이 보다 쉽게, NCS를 기반으로 한 '승객 탑승 전 준비'와 '승객 탑승 및 이륙 전 서비스'를 이해하고 활용할 수 있기를 기대하며, 항공 서비스과를 전공하는 학생이나 객실 승무원을 준비하는 취업 준비생의 항공 지식 함양에 실질적인 도움이 되기를 바란다. 이 교재가 출판되기까지 오랜 시간 검토 및 편집을 도와주신 센게이지러닝코리아(주)에 감사드린다.

2019년 겨울

임연경, 장경훈

# 차례

CHAPTER 3

# 특별 서비스 요청사항 점검하기

Inspection of Special Service Request

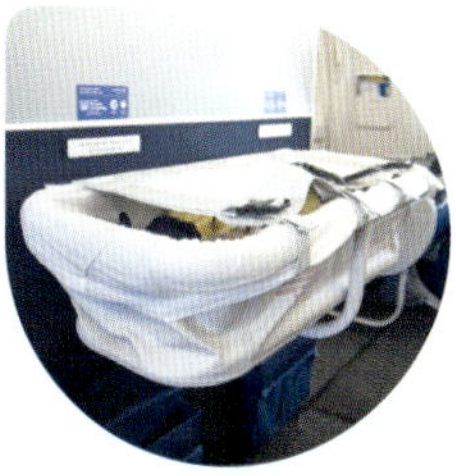

## PART 2
# 승객 탑승 및 이륙 전 서비스
Cabin Service Before Boarding/Take-off

### CHAPTER 4
## 탑승 위치 대기하기
Standby at Door Side

CHAPTER 5

## 탑승권 재확인하기

Reconfirmation of Boarding Pass

CHAPTER 6

## 좌석 안내하기

Passenger Seat Guidance

**CHAPTER 7**

## 수하물 정리 지원하기

Assisting Baggage Storing

**CHAPTER 8**

## 특수 고객 지원하기

Assisting Passengers with Special Needs

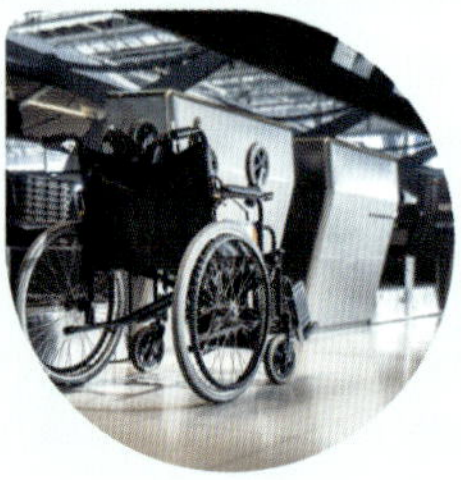

CHAPTER 9

## 탑승 환영 안내 방송하기

In-flight Welcoming Announcement

# 국가직무능력표준(NCS)

## 1. NCS 개념

국가직무능력표준(NCS: National Competency Standards)이란 산업현장에서 직무를 수행하기 위해 요구되는 지식, 기술, 소양 등의 내용을 국가가 산업부문별, 수준별로 체계화한 것으로 산업현장의 직무를 성공적으로 수행하기 위해 필요한 능력(지식, 기술, 태도)을 국가적 차원에서 표준화한 것을 의미한다.

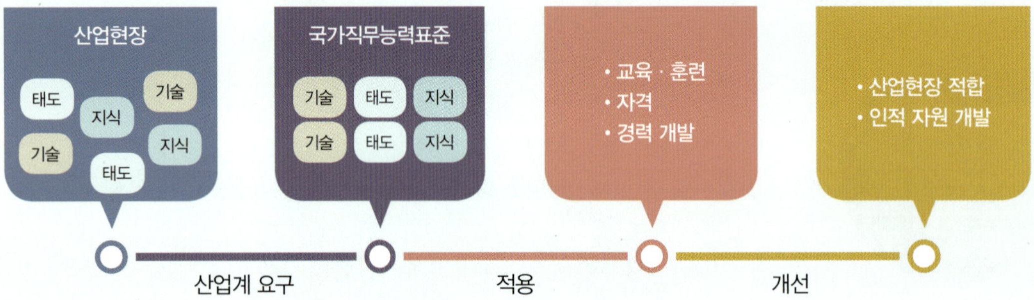


국가직무능력표준 개념도

## 2. 직무 능력

- 현업에서 요구하는 필수 실무 능력
- 직업인으로서 기본적으로 갖추어야 할 공통 능력
- 해당 직무를 수행하는 데 필요한 역량(지식, 기술, 태도)

**이렇게 달라졌어요!**
**보다 효율적이고 현실적인 대안 마련**

1. 실무 중심의 교육 · 훈련과정 개편
2. 국가 자격의 종목 신설 및 재설계
3. 산업현장 직무에 맞게 자격시험 전면 개편
4. NCS 채용을 통한 기업의 능력 중심 인사관리 및 근로자 평생 경력 개발 관리 지원

## 3. NCS 필요성

능력 있는 인재를 개발해 핵심 인프라를 구축하고, 나아가 국가 경쟁력을 향상시키기 위해 국가직무능력표준이 필요하다.

- 기업은 직무분석 자료, 인적 자원 관리 도구, 인적 자원 개발 프로그램, 특화자격 신설, 일자리 정보 제공 등을 원한다.
- 기업교육훈련기관은 산업현장의 요구에 맞는 맞춤형 교육 · 훈련 과정을 개설하여 운영하기를 원한다.

**현행**

- 직업교육 · 훈련 및 자격제도가 산업현장과 불일치
- 인적 자원의 비효율적 관리 운용

국가직무능력표준 →

**개선 후**

- 각각 따로 운영되었던 교육 · 훈련, 국가직무능력표준 중심 시스템으로 전환(일 · 교육 · 훈련 · 자격 연계)
- 산업현장 직무 중심의 인적 자원 개발
- 능력 중심 사회 구현을 위한 핵심 인프라 구축
- 고용과 평생 직업능력 개발 연계를 통한 국가 경쟁력 향상

## 4. 추진 경과

**2002**

일 · 교육 · 훈련 · 자격을 연계하기 위해 국가직무능력표준 제도 도입

**2010**

국가직무능력표준의 효율화 추진에 대해 국가정책조정회의 조정

- NCS 명칭 통일 및 개발 주체 일원화(고용노동부, 한국산업인력공단)
- NCS 연구 및 교육과정 지원(교육부, 한국직업능력개발원)

**2013**

'능력중심사회를 위한 여건 조성' 핵심 국정과제 확정

## 5. NCS 활용범위

국가직무능력표준은 기업체, 직업교육훈련기관, 자격시험기관에서 활용한다.

| 기업체(Corporation) | 교육훈련기관(Education and Training) | 자격시험기관(Qualification) |
|---|---|---|
| • 현장 수요 기반의 인력채용 및 인사관리 기준<br>• 근로자 경력 개발<br>• 직무기술서 | • 직업교육훈련과정 개발<br>• 교수계획 및 매체, 교재 개발<br>• 훈련기준 개발 | • 자격 종목의 신설통합폐지<br>• 출제기준 개발 및 개정<br>• 시험 문항 및 평가방법 |

인용 출처: NCS 홈페이지(https://www.ncs.go.kr)

# NCS 항공 객실 서비스 직무

## 1. 직무 정의

항공 객실 서비스란 객실 안전관리, 승객 탑승 전 준비, 승객 탑승 서비스, 이륙 전 서비스, 비행 중 서비스, 착륙 전 서비스, 착륙 후 서비스, 승객 하기 후 관리, 응급환자 대처, 객실 승무 관리를 하는 일이다.

## 2. 능력 단위

| 순번 | 능력 단위 | 순번 | 능력 단위 |
|---|---|---|---|
| 1 | 기내 안전관리 | 8 | 응급환자 대처 |
| 2 | 승객 탑승 전 준비 | 9 | 객실 승무 관리 |
| 3 | 승객 탑승 및 이륙 전 서비스 | 10 | 기내 음료 서비스 |
| 4 | 비행 중 서비스 | 11 | 항공 서비스 업무 기본 |
| 5 | 착륙 전 서비스 | 12 | 항공 기내 방송 업무 |
| 6 | 착륙 후 서비스 | 13 | 고객만족 서비스 |
| 7 | 승객 하기 후 관리 | 14 | 항공 서비스 매너 |

## 3. 능력 단위별 능력 단위 요소

<table>
<tr><th>분류 번호</th><th>능력 단위</th><th>수준</th><th>능력 단위 요소</th></tr>
<tr><td rowspan="6">1203010501_15v2</td><td rowspan="6">기내 안전관리</td><td rowspan="6">3</td><td>승객 탑승 전 안전 · 보안 점검하기</td></tr>
<tr><td>항공기 이 · 착륙 전 안전 · 보안 관리하기</td></tr>
<tr><td>비행 중 안전 · 보안 관리하기</td></tr>
<tr><td>착륙 후 안전 · 보안 점검 · 관리하기</td></tr>
<tr><td>비상사태 발생 시 대응하기</td></tr>
<tr><td>상황별 안전안내 방송하기</td></tr>
<tr><td rowspan="3">1203010502_13v1</td><td rowspan="3">승객 탑승 전 준비</td><td rowspan="3">3</td><td>기내 서비스 용품 점검하기</td></tr>
<tr><td>서비스 설비 및 기물 점검하기</td></tr>
<tr><td>특별 서비스 요청사항 점검하기</td></tr>
<tr><td rowspan="6">1203010503_16v2</td><td rowspan="6">승객 탑승 및 이륙 전 서비스</td><td rowspan="6">3</td><td>탑승 위치 대기하기</td></tr>
<tr><td>탑승권 재확인하기</td></tr>
<tr><td>좌석 안내하기</td></tr>
<tr><td>수하물 정리 지원하기</td></tr>
<tr><td>특수 고객 지원하기</td></tr>
<tr><td>탑승 환영 안내 방송하기</td></tr>
<tr><td rowspan="5">1203010504_13v1</td><td rowspan="5">비행 중 서비스</td><td rowspan="5">3</td><td>기내 음료 제공하기</td></tr>
<tr><td>기내식 제공하기</td></tr>
<tr><td>기내 오락물 제공하기</td></tr>
<tr><td>면세품 판매하기</td></tr>
<tr><td>객실 상태 점검하기</td></tr>
<tr><td rowspan="3">1203010505_16v2</td><td rowspan="3">착륙 전 서비스</td><td rowspan="3">3</td><td>입국 서류 배포 및 작성 지원하기</td></tr>
<tr><td>기내 용품 회수하기</td></tr>
<tr><td>기내 서비스 용품 및 면세품 재고 확인하기</td></tr>
<tr><td rowspan="2">1203010506_16v2</td><td rowspan="2">착륙 후 서비스</td><td rowspan="2">3</td><td>승객 하기 지원하기</td></tr>
<tr><td>특수 고객 지원하기</td></tr>
<tr><td rowspan="4">1203010507_13v1</td><td rowspan="4">승객 하기 후 관리</td><td rowspan="4">3</td><td>유실물 점검하기</td></tr>
<tr><td>잔류 승객 점검하기</td></tr>
<tr><td>기내 설비 점검하기</td></tr>
<tr><td>기내 용품 인수 · 인계하기</td></tr>
</table>

| 분류 번호 | 능력 단위 | 수준 | 능력 단위 요소 |
|---|---|---|---|
| 1203010508_13v1 | 응급환자 대처 | 3 | 응급환자 발생 상황 파악 · 보고하기 |
| | | | 응급환자 초기 대응하기 |
| | | | 응급환자 후속 관리하기 |
| | | | 환자 대처 상황 기록하기 |
| 1203010509_16v2 | 객실 승무 관리 | 4 | 객실 승무원별 근무 배정하기 |
| | | | 운항 · 객실 간 정보 공유하기 |
| | | | 불만 승객 관리하기 |
| | | | 출 · 도착 서류 작성 · 관리하기 |
| | | | 객실 서비스 관리하기 |
| 1203010510_16v1 | 기내 음료 서비스 | 2 | 기내 음료 파악하기 |
| | | | 기내 음료 제공하기 |
| 1203010511_16v1 | 항공 서비스 업무 기본 | 2 | 항공 서비스 관련 서류 확인하기 |
| | | | 항공 여객 정보 확인하기 |
| 1203010512_16v1 | 항공 기내 방송 업무 | 3 | 항공 기내 방송 준비하기 |
| | | | 정상적 상황 방송하기 |
| | | | 비정상 상황 방송하기 |
| | | | 비상 상황 방송하기 |
| 1203010513_16v1 | 고객 만족 서비스 | 3 | 서비스 마인드 함양하기 |
| | | | 이미지 메이킹하기 |
| | | | 불만 고객 대처하기 |
| 1203010514_16v1 | 항공 서비스 매너 | 2 | 기본 매너 갖추기 |
| | | | 항공 서비스 매너 관리하기 |

## 4. 능력 단위: 승객 탑승 전 준비

| **분류 번호:** 1203010502_13v1 |
|---|
| **능력 단위 명칭:** 승객 탑승 전 준비 |
| **능력 단위 정의:** 승객 탑승 전 준비란 기내 서비스 용품 점검, 서비스 설비 및 기물 점검, 특별 서비스 요청사항 점검을 수행하는 능력이다. |

| 능력 단위 요소 | 수행 준거 |
|---|---|
| 1203010502_13v1.1<br>기내 서비스 용품 점검하기 | **1.1** 운송 서비스 규정에 따라 객실 서비스에 필요한 서비스 용품 탑재 여부를 점검하고 조치할 수 있다.<br>**1.2** 운송 서비스 규정에 따라 서비스 용품의 품질 상태 및 이상 유무를 점검하여 조치할 수 있다.<br>**1.3** 객실 서비스 규정에 따라 서비스 용품을 지정된 서비스 위치에 배열할 수 있다. |
| | 【지식】<br>• 운송 서비스 규정<br>• 항공기 객실 구조<br>• 객실 서비스 규정<br>• 서비스 용품에 대한 지식 |
| | 【기술】<br>• 객실 승무원 규정집 활용 기술<br>• 객실 체크리스트 적용 기술<br>• 지상 직원과의 소통 기술<br>• 식음료 보관 및 운반 기술 |
| | 【태도】<br>• 정확성 유지<br>• 협조 노력<br>• 신속한 태도<br>• 청결함 유지 |
| 1203010502_13v1.2<br>서비스 설비 및<br>기물 점검하기 | **2.1** 객실 서비스 규정에 따라 항공기 운항 시 반드시 필요한 서비스 설비 및 기물의 이상 여부를 점검하고, 조치할 수 있다.<br>**2.2** 객실 서비스 규정에 따라 항공기 운항 시 반드시 필요한 화장실 설비의 이상 유무를 점검하고, 조치할 수 있다.<br>**2.3** 운송 서비스 규정에 따라 항공기의 목적지 도착 시, 입국에 필요한 제반 입국 관련 서류의 탑재 여부 및 수량을 점검하고, 조치할 수 있다.<br>**2.4** 객실 서비스 규정에 따라 항공기 운항 시 판매할 면세품의 탑재 여부 및 수량을 점검하고, 조치할 수 있다. |
| | 【지식】<br>• 운송 서비스 규정<br>• 항공기 객실 구조<br>• 객실 서비스 규정<br>• 서비스 설비 및 기물에 대한 지식 |

| 능력 단위 요소 | 수행 준거 |
| --- | --- |
| 1203010502_13v1.2<br>서비스 설비 및<br>기물 점검하기 | 【기술】<br>• 객실 승무원 규정집 활용 기술<br>• 객실 체크리스트 적용 기술<br>• 지상 직원과의 소통 기술<br>• 서비스 설비 및 기물 점검 기술<br>• 기내 서비스 기물 운반 및 배치 기술 |
| | 【태도】<br>• 신속한 태도<br>• 정확성 유지<br>• 신중한 태도<br>• 협조 노력 |
| 1203010502_13v1.3<br>특별 서비스 요청사항<br>점검하기 | **3.1** 객실 서비스 규정에 따라 승객 탑승 전, 해당 항공기의 특별 서비스 항목을 점검하고 조치할 수 있다.<br>**3.2** 객실 서비스 규정에 따라 승객 탑승 전, 해당 승객의 특별 서비스 용품이 탑재되어 있는지를 점검하고, 조치할 수 있다.<br>**3.3** 고객 서비스 규정에 따라 승객 탑승 후, 해당 승객의 특별 서비스 요청사항 외 추가 요청사항이 없는지를 확인하고, 조치할 수 있다 |
| | 【지식】<br>• 객실 서비스 지침 이해<br>• 항공기 객실 구조 이해<br>• 항공 운송에 관한 일반적 실무 이해<br>• SSR(Special Service Request) 이해<br>• 특별 승객 특성에 대한 지식 이해<br>• 특별 서비스 기물 및 용품 이해<br>• 특별 코드에 대한 지식 |
| | 【기술】<br>• 객실 승무원 규정집 활용 기술<br>• 지상 직원과의 소통 기술<br>• 특별 서비스 기물 운반 및 배치 기술 |
| | 【태도】<br>• 협조 노력<br>• 인내성 있는 태도<br>• 주의깊은 노력<br>• 유연한 태도 |

인용 출처: NCS 홈페이지(https://www.ncs.go.kr)

## 5. 능력 단위: 승객 탑승 및 이륙 전 서비스

| **분류 번호:** 1203010503_16v2 |
|---|
| **능력 단위 명칭:** 승객 탑승 및 이륙 전 서비스 |
| **능력 단위 정의:** 승객 탑승 및 이륙 전 서비스란 탑승 위치 대기, 탑승권 재확인, 좌석 안내, 수하물 정리 지원, 특수 고객 지원, 탑승 환영 안내 방송을 수행하는 능력이다. |

| 능력 단위 요소 | 수행 준거 |
|---|---|
| 1203010503_16v2.1<br>탑승 위치 대기하기 | **1.1** 객실 서비스 규정에 따라 승객의 항공기 탑승 전, 각자에게 부여된 임무를 수행하기 위하여 해당 근무지역에서 탑승을 위해 대기할 수 있다.<br>**1.2** 객실 서비스 규정에 따라 승객 탑승 시 대기 자세를 취할 수 있다.<br>**1.3** 객실 서비스 규정에 따라 승객 탑승 시 밝은 표정으로 환영 인사를 할 수 있다.<br>**1.4** 객실 서비스 규정에 따라 탑승 승객에 따른 눈높이 서비스 자세를 취할 수 있다. |
| | 【지식】<br>• 객실 서비스 규정 이해<br>• 비행 전 업무 절차 이해<br>• 승객 특성 이해 |
| | 【기술】<br>• 객실 서비스 규정 활용 기술<br>• 승객 특성에 따른 인사, 표정 기술<br>• 승객 특성에 따른 대화 기술 |
| | 【태도】<br>• 밝은 태도<br>• 공손한 태도<br>• 명료한 태도 |
| 1203010503_16v2.2<br>탑승권 재확인하기 | **2.1** 객실 서비스 규정에 따라 승객의 출발 일시를 확인할 수 있다.<br>**2.2** 객실 서비스 규정에 따라 승객의 목적지를 파악할 수 있다.<br>**2.3** 객실 서비스 규정에 따라 승객의 좌석 등급을 구별할 수 있다.<br>**2.4** 객실 서비스 규정에 따라 승객의 좌석 번호를 확인할 수 있다. |
| | 【지식】<br>• 객실 서비스 규정에 대한 이해<br>• 비행 전 업무 절차에 대한 이해<br>• 객실 구조에 대한 이해<br>• 승객 특성에 대한 이해<br>• 항공 운송 관련 기본 지식(예약 · 발권, 운송, 운항, 정비, 기내식) |
| | 【기술】<br>• 객실 서비스 근무 규정 활용 기술<br>• 비행 전 업무 절차 규정 활용 기술<br>• 탑승권 판독 능력<br>• 승객과의 의사소통 기술<br>• 의전 관련 기술 |

| 능력 단위 요소 | 수행 준거 |
| --- | --- |
| 1203010503_16v2.2<br>탑승권 재확인하기 | 【태도】<br>• 공손한 태도<br>• 정확성 유지<br>• 신속한 태도 |
| 1203010503_16v2.3<br>좌석 안내하기 | **3.1** 객실 서비스 규정에 따라 승객들에게 지정된 좌석 번호를 재확인할 수 있다.<br>**3.2** 객실 서비스 규정에 따라 좌석 배열을 파악하고 승객에게 정확한 좌석으로 안내할 수 있다.<br>**3.3** 객실 서비스 규정에 따라 승객에게 좌석 설비 사용법을 안내할 수 있다.<br>**3.4** 객실 서비스 규정에 따라 좌석 상태를 파악하여 조치할 수 있다. |
| | 【지식】<br>• 승무원 근무 절차 이해<br>• 객실 승무원의 근무 규정 이해<br>• 비행 전 업무 절차 이해<br>• 좌석 배열 이해<br>• 좌석의 특성 이해<br>• 좌석의 설비(이어폰잭, 독서등 등) 이해<br>• 좌석의 사용법 |
| | 【기술】<br>• 객실 서비스 규정 활용 기술<br>• 좌석 벨트 착용 기술<br>• 오디오 비디오 작동 기술 |
| | 【태도】<br>• 적극적인 태도<br>• 협조 노력<br>• 배려 있는 태도 |
| 1203010503_16v2.4<br>수하물 정리 지원하기 | **4.1** 객실 서비스 규정에 따라 좌석 주변의 공간을 파악하여 승객에게 객실 선반의 위치를 안내할 수 있다.<br>**4.2** 객실 서비스 규정에 따라 안전하게 선반을 작동할 수 있다.<br>**4.3** 객실 서비스 규정에 따라 수하물의 특성별로 보관하도록 안내할 수 있다.<br>**4.4** 객실 서비스 규정에 따라 수하물을 안전하게 다룰 수 있다.<br>**4.5** 객실 서비스 규정에 따라 수하물의 보관 위치를 기억하여 승객에게 다시 전달할 수 있다. |
| | 【지식】<br>• 객실 서비스 규정 이해<br>• 좌석 하단 특성 이해<br>• 수하물 선반 사용 특성 이해<br>• 코트룸 특성 이해 |
| | 【기술】<br>• 객실 서비스 근무 규정 활용 기술<br>• 수하물 선반 사용 기술<br>• 코트룸 사용 기술<br>• 좌석 하단 사용 기술 |

<table>
<tr><th>능력 단위 요소</th><th>수행 준거</th></tr>
<tr><td>1203010503_16v2.4<br>수하물 정리 지원하기</td><td>【태도】<br>• 안전성 유지 노력<br>• 정중한 태도<br>• 유연한 태도<br>• 정확성 유지</td></tr>
<tr><td rowspan="4">1203010503_16v2.5<br>특수 고객 지원하기</td><td>5.1 객실 서비스 규정에 따라 특수 고객 탑승 여부를 확인할 수 있다.<br>5.2 객실 서비스 규정에 따라 특수 고객의 특성에 따른 인사를 하고, 좌석을 안내할 수 있다.<br>5.3 객실 서비스 규정에 따라 특수 고객에게 기내 설비 사용법을 안내할 수 있다.<br>5.4 객실 서비스 규정에 따라 특수 고객에 대한 여행 편의를 제공할 수 있다.</td></tr>
<tr><td>【지식】<br>• 객실 서비스 규정 이해<br>• 비상 응급조치 이해<br>• 의전에 대한 지식<br>• 특수 승객의 특성 이해</td></tr>
<tr><td>【기술】<br>• 객실 서비스 규정 활용 기술<br>• 탑승객과의 원활한 소통 기술<br>• 휠체어 사용 기술<br>• 특수 고객 응대 기술</td></tr>
<tr><td>【태도】<br>• 정중한 태도<br>• 사려 깊은 태도<br>• 인내성 있는 태도</td></tr>
<tr><td rowspan="4">1203010503_16v2.6<br>탑승 환영 안내 방송하기</td><td>6.1 객실 서비스 규정에 따라 방송에 필요한 정보를 파악할 수 있다.<br>6.2 객실 서비스 규정에 따라 탑승 환영 안내 방송에 필요한 언어를 구사할 수 있다.<br>6.3 객실 서비스 규정에 따라 탑승 환영 안내 방송에 필요한 표준어 사용을 할 수 있어야 한다.</td></tr>
<tr><td>【지식】<br>• 객실 서비스 규정(안내)<br>• 한국어, 영어 및 목적지 국가 언어(일본어, 중국어 등) 이해</td></tr>
<tr><td>【기술】<br>• 영어, 일어, 중국어 구사 능력<br>• 표준어 구사 기술<br>• 음성 표현 기술</td></tr>
<tr><td>【태도】<br>• 성실한 태도<br>• 정확성 유지<br>• 명료한 태도</td></tr>
</table>

인용 출처: NCS 홈페이지(https://www.ncs.go.kr)

# 승객 탑승 전 준비
# Preparation Before Passenger on Board



# PART 1

18C 18A

# 기내 서비스 용품 점검하기

## Inspection of Service Item

01 기내 서비스 용품 점검(Inspection of Service Item)

02 기내 서비스 용품 배열(Service Item Arrangement)

1

# 01

# 기내 서비스 용품 점검

## Inspection of Service Item

**수행 준거**

- 운송 서비스 규정에 따라 객실 서비스에 필요한 서비스 용품 탑재 여부를 점검하고 조치할 수 있다.
- 운송 서비스 규정에 따라 서비스 용품의 품질 상태 및 이상 유무를 점검하여 조치할 수 있다.

기내 서비스 용품이란 항공기 내에서 승객의 서비스에 필요한 용품이며, 기내식을 포함한 모든 용품을 뜻한다.

| | |
|---|---|
| 기내식 및 음료 | 일반 기내식, Special Meal(스페셜 밀), 음료수, 생수, 주류, 얼음, 땅콩, 간식류, 커피팩, 설탕, 크림, Tea Bag(티백), 레몬 슬라이스 등 |
| Dry Item | 냅킨, 빨대, 종이컵, 플라스틱컵, Seal(도장), 볼펜, Eye Mask(안대), Ear Plug(귀마개), 기내엽서 등 |
| 면세품 | 면세품, POS 단말기, 조견표, 쇼핑백 |
| 출입국 서류 | E/D Card(출입국 카드), 세관신고서, 검역설문서 |
| 기타 서비스 용품 | 헤드폰/이어폰, 담요, 베개, 신문, 잡지, Basket류(바스켓류), linen(리넨) 등 |

기내식 및 기내 서비스를 위한 서비스 용품은 기내식 제조회사(Catering Center)에서 준비되어 기내로 탑재된다. 객실 승무원은 승객 탑승 전, 기내식 및 서비스 용품의 품질 상태 및 개수 등을 파악하여 이상 유무를 선임 승무원 및 사무장에게 보고한다. 기내식 및 서비스 용품은 승객 예약수와 비행 거리에 따라 구별되어 탑재된다.

기내식 제조회사에서 기내식을 준비하여 차량으로 이동 후 항공기에 싣는 모습

기내식 제조회사에서 기내식을 만드는 조업원

갤리(Galley)

## 1. 기내식

기내식은 비행시간과 객실 등급, 운항 노선에 따라 제공되는 식사의 종류나 횟수가 다르다. 기내식은 주로 국제선에서만 탑재되며, 국내선에서는 음료만 제공된다(항공사마다 상이). 비행시간이 6시간 미만일 경우 1회 제공, 6~12시간이면 2회 제공, 12시간 이상이면 간식을 포함하여 3회 정도 제공된다.

기내식으로는 서양식에 근간하여 Main Dish(주요리), Salad(샐러드), Bread(빵), Desert(디저트), 커피, 차 등이 제공되며, 항공사 및 운항 노선의 특징에 따라 한식, 일식, 기타 현지 메뉴 등이 제공되기도 한다.

또 건강이나 종교 등의 이유로 Special Meal(특별식)이 제공되기도 한다. 일반석은 한상차림(Pre-set Tray)으로, 비즈니스석과 일등석은 코스별로 제공된다.

Full Cart 1대당 총 28개의 식사가 들어간다(기내식 트레이가 Large Tray인 경우). 기내식 트레이가 Small Tray인 경우에는 58개의 식사가 Cart 안에 들어간다.

기내식 점검 담당 승무원은 Cart 안의 식사 Tray 개수와 오븐 안에 Setting된

일반석 기내식

비즈니스석 기내식

카트 내부 사진

기내에 실린 기내식 카트(Seal(노란색)을 뜯어 기내식을 확인한다.)

기내식을 점검하는 승무원

오븐 안의 기내식 앙뜨레

추가로 탑재된 기내식

**Special Meal**

스페셜 밀은 종교, 건강, 아기(어린이) 동반, 기념일 등의 이유로 특별히 주문하는 식사이다.(챕터 3에서 자세히 다룸)

Entree(메인요리)의 개수를 세어 승객 예약수와 일치하는지 확인한다. 또 Tray 안의 구성품(버터나 고추장 등)이 모두 Setting되어 있는지 점검한다. 빵이 식사 Tray에 Setting되지 않고 Carrier Box에 별도로 실리는 경우가 있으므로 빵 개수도 정확히 확인해야 한다. 이상이 있을 경우 사무장에게 바로 보고한다.

Special Meal 예약 승객이 있는 경우 SSR(Special Service Request)/SHR(Special Handling Request)을 점검하여 예약된 Special Meal의 정확한 종류와 개수를 확인한다. 문제가 있을 경우 사무장에게 보고한다.

## 2. 기내 음료

기내 음료는 크게 비알코올 음료와 알코올 음료로 구분한다. 음료 서비스는 기본적으로 식사 서비스 시점을 기준으로 식사 전에 식전주를 제공하고, 식사 중에는 와인이나 맥주, 기타 음료를 제공하며, 식사 후에는 커피와 차(Tea)류를

**Carrier Box**

캐리어 박스는 기내 물품을 탑재할 수 있는 운반 용구로 휴대하여 이동을 가능하게 한 박스이다. 비행기 출발 전 Catering Center에서 Carrier Box에 기내 용품을 담아 기내에 싣고, 승객 하기 후 다시 Catering Center로 옮긴다. 알루미늄 소재로 문을 열고 닫을 때 소음이 발생할 수 있으니 주의하며, 이착륙 시 밖으로 굴러떨어질 수 있으니 잠금 장치로 반드시 Locking한다.

© enchanted_fairy / Shutterstock.com

© Augustine Bin Jumat / Shutterstock.com

제공한다.

| 비알코올 음료 | 주스류, 생수, 우유, 소프트 드링크류, 커피류, 차류 등 |
|---|---|
| 알코올 음료 | 위스키, 와인, 샴페인, 맥주, 브랜디, 리큐어 등 |

비알코올 음료는 보통 Carrier Box에 탑재되고, 알코올 음료는 Liquor Cart에 탑재되며 Seal로 봉합되어 있다. 커피팩과 티백류는 Carrier Box에 탑재되니 잊지 않고 확인하도록 한다.

점검 후 이상이 없으면, 차갑게 서비스되어야 할 주스류, 화이트와인, 샴페인, 생수, 맥주 등을 냉장보관이나 얼음을 사용하여 Chilling하도록 한다.

## 3. Dry Item

Dry Item이란 기내에서 일반 상온에서 보관할 수 있는 서비스 용품을 뜻하며 냅킨, 빨대, 종이컵, 플라스틱컵, Seal, 볼펜, Eye Mask, Ear Plug, 기내 엽서 등이 대표적이다. Carrier Box나 Galley Compartment에 탑재하며, 수량과 위치를 확인한다.

## 4. 헤드폰(이어폰)

국제선 노선의 경우 비디오/오디오를 감상할 수 있도록 헤드폰(이어폰)을 제공한다.

따라서 담당 승무원은 헤드폰(이어폰)의 탑재 위치와 수량을 점검한다.

이어폰

## 5. 베개, 담요

베개와 담요는 오랜 시간 비행기에 앉아 있어야 하는 승객을 위해 보통 국제선에서 제공된다. 담당구역별로 승객 좌석에 놓여 있는 베개와 담요, 그리고 여유분도 함께 확인한다. 부족 시에는 사무장 및 기내 탑재 요원에게 보고하여 신속히 추가 탑재되도록 한다.

베개와 담요의 여유분은 대개 머리 위 선반(Overhead Bin)에 보관하며, 담요는 꺼내기 편리한 Galley 내 Compartment에 보관하기도 한다.

좌석 위의 베개와 담요

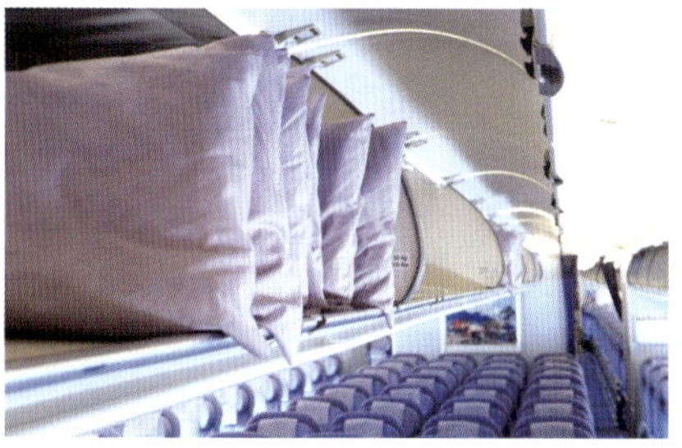

선반 위의 여분의 베개

## 6. Basket

대나무 소재로 된 바구니로 땅콩, 빵, 타월, 일회용 물수건, 와인 등을 서비스하기 위한 용품이다. 재사용이 가능하기 때문에 다음 비행팀이 사용할 수 있도록 깨끗하게 사용하여 제자리에 보관한다.

Basket

## 7. 기타 서비스 용품 탑재 상태

신문, 잡지, Amenity Kit, 화장실 용품(화장지, 티슈 등), 편의복(일등석), 고추장, 메뉴북, 슬리퍼(비즈니스석, 일등석), 라면, Linen(비즈니스석, 일등석) 등의 탑재 위치와 수량을 확인한다. 이상이 있을 때 선임 승무원/사무장에게 보고하여 항공사 케이터링(Catering)에서 신속히 탑재될 수 있도록 한다.

# 기내식/객실 용품 인계인수서

A 등급(미주) FLT NO: KE019(SEA) TYPE: B77WI HL NO:

기내식 탑재 현황 DATE:

<table>
<tr><td rowspan="3">FR</td><td colspan="6">Normal ML:</td><td colspan="6">IN/B Caviar:</td></tr>
<tr><td rowspan="2">1st</td><td>한식</td><td colspan="4"></td><td rowspan="2">2nd</td><td>한식</td><td colspan="4"></td></tr>
<tr><td>양식</td><td colspan="4"></td><td>양식</td><td colspan="4"></td></tr>
<tr><td rowspan="6">PR</td><td colspan="12">Normal ML:</td></tr>
<tr><td rowspan="5">FWD</td><td></td><td colspan="2">1st</td><td colspan="2">2nd</td><td rowspan="5">AFT</td><td></td><td colspan="2">1st</td><td colspan="2">2nd</td></tr>
<tr><td rowspan="2">한식</td><td>Tray</td><td></td><td>Tray</td><td></td><td rowspan="2">한식</td><td>Tray</td><td></td><td>Tray</td><td></td></tr>
<tr><td>Entree</td><td></td><td>Entree</td><td></td><td>Entree</td><td></td><td>Entree</td><td></td></tr>
<tr><td rowspan="2">양식</td><td>Tray</td><td></td><td>Tray</td><td></td><td rowspan="2">양식</td><td>Tray</td><td></td><td>Tray</td><td></td></tr>
<tr><td>Entree</td><td></td><td>Entree</td><td></td><td>Entree</td><td></td><td>Entree</td><td></td></tr>
<tr><td rowspan="11">EY</td><td colspan="6">Normal ML:</td><td colspan="6">CREW ML C/C: C/A:</td></tr>
<tr><td rowspan="8">FWD</td><td></td><td colspan="2">1st</td><td colspan="2">2nd</td><td rowspan="8">AFT</td><td></td><td colspan="2">1st</td><td colspan="2">2nd</td></tr>
<tr><td rowspan="2">한식</td><td>Tray</td><td></td><td>Tray</td><td></td><td>한식</td><td>Tray</td><td></td><td>Tray</td><td></td></tr>
<tr><td></td><td></td><td></td><td></td><td></td><td></td><td></td><td></td><td></td></tr>
<tr><td></td><td></td><td></td><td></td><td></td><td></td><td></td><td></td><td></td><td></td></tr>
<tr><td rowspan="3">양식</td><td></td><td></td><td></td><td></td><td rowspan="3">양식</td><td></td><td></td><td></td><td></td></tr>
<tr><td></td><td></td><td></td><td></td><td></td><td></td><td></td><td></td></tr>
<tr><td></td><td></td><td></td><td></td><td></td><td></td><td></td><td></td></tr>
<tr><td></td><td></td><td></td><td></td><td></td><td></td><td></td><td></td><td></td><td></td></tr>
<tr><td colspan="12">SP ML:</td></tr>
<tr><td colspan="6">Snack<br>• 바나나: ( ) EA<br>• 새우깡: ( ) EA<br>• 마블케이크: ( ) EA</td><td colspan="6">• 2nd Bread: ( ) EA<br>• Tarmac 브라우니: ( ) EA<br>• 지연 브라우니: ( ) EA</td></tr>
</table>

### 객실 용품 탑재 현황

| Item | Unit | FR | PR | EY | Remark |
|---|---|---|---|---|---|
| HEADPHONE | EA | | 42/42 | | CHD-H/P: EA, PR C1 TYPE |
| RAMEN | EA | 3 | 16 | | EY 라면 SVC용 젓가락 150ea 탑재 |
| A/Kit | EA | / | / | | EY 복편용 현지 탑재, 안대 40ea 탑재 |
| Bassinet | EA | O/B: | I/B: | TTL: | |
| 편의복 | EA | | 임신부 KIT | | CHD G/Away |
| WATER(1.5L) | Box | 1 | 2 | 2 | 생수(330ml): Box |
| TOWEL | 장 | 50 | 110 | 250 | 일회용 타월: ON-TRAY |
| 고추장 | EA | 200 | | | W/SPRAY: 40ea |
| NEWSPAPER | PK | O/B: pk. I/B: pk | | | 복편신문 Belly 탑재 L/M 확인 SIGN |
| LIQ/BEV | Cart | 1 | 2 | 5 | FC DRY TOWEL 왕복분 탑재 |
| DRY ITEM | C/box | 1 | 3 | 4 | |
| SVC TOOLS | Cart | 1 | 핫컵잭 확인 | | |
| | C/box | | 5 | 3 | |
| GLASS | Cart | H/F 1 | 2 | | |
| CHINA | Cart | 1 | 3 | | |
| MENU BOOK | C/box | 1 | 2 | | |
| SLIPPER | Bag | 2 | 4 | | |
| LINEN | PK | 2 | 4 | 1 | |
| MAGAZINE | Bag | 1 | 1 | 1 | |

특이사항:

**참고**

객실 승무원이 항공기에 탑승하여 승객 맞이를 하기 전 기내식 및 기내 물품을 점검할 수 있는 시간은 대략 30분뿐이다. 그러므로 신속하게 탑재 상태를 점검하고 이상 유무를 보고해야, 추가 탑재분을 기다리느라 항공기 정시 운항에 영향을 미치는 일을 방지할 수 있다.(승무원과 기내식 탑재 직원이 상호간 기내식 탑재 여부를 확인하는 인계인수서(KE)이다.)

# 02

# 기내 서비스 용품 배열

## Service Item Arrangement

**수행 준거**

객실 서비스 규정에 따라 서비스 용품을 지정된 서비스 위치에 배열할 수 있다.

## 1. 신문

항공기에 탑재되는 신문은 일간지, 스포츠신문, 국내 발행 영자 신문, 해외 영자 신문, 현지어 신문 등이다. 특히 국내 일간지는 종류가 매우 많으므로 신문명을 겹치지 않게 하여 승객이 골고루 볼 수 있도록 가지런히 배열한다.

신문 배열 시 일반석은 보통 Serving Cart를 이용하여 탑승구 앞쪽에 준비하여 승객이 탑승할 때 직접 가져갈 수 있도록 한다. 그리고 비즈니스석과 일등석은 승객에게 개인적으로 신문 주문을 받아 승무원이 직접 서비스한다.

Serving Cart에 가지런히 배열된 신문

잡지꽂이에 가지런히 배열된 잡지

## 2. 잡지

항공기에 탑재되는 잡지는 국내 일간지, 국내 월간지, 여성 잡지, 해외 잡지 등 매우 다양하다. 항공기 객실 중간과 후방 쪽에 위치한 잡지꽂이(Magazine Rack)에 잡지명이 승객에게 바로 보이도록 가지런히 배열한다. 일간지처럼 얇은 잡지는 길게 세 번 접어 꽂는다.

## 3. 화장실 용품

항공기에 탑재되는 화장실 용품에는 칫솔, 스킨, 로션, 구강 청정제, 두루마리 화장지, 변기 커버, 티슈, 종이 타월, 양치컵 등이 있다.

- 탑재된 화장실 용품(로션, 칫솔, 구강 청정제 등)을 화장실 선반이나 지정된 장소에 로고가 바로 보이도록 배열하며, 스킨, 로션 등은 입구를 열림 상태로 돌려놓은 후 배열한다.
- 두루마리 화장지는 보기 좋도록 끝쪽을 앞으로 하여 삼각형으로 접어 둔다.
- 티슈는 뽑아 쓰기 쉽도록 미리 한 장을 반 정도 뽑아 놓는다.
- 물비누가 탑재된 경우 꼭지를 눌러 보아 비누의 잔량을 점검한다.
- 화장실 내 컴파트먼트에 여분의 화장실 용품을 넉넉히 세팅해 둔다.
- 양치컵을 제자리에 끼워 놓는다.

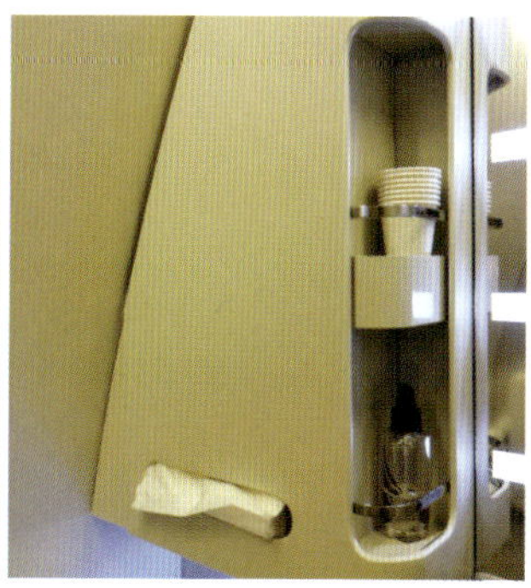

세팅된 화장실 용품

삼각형으로 접힌 두루마리 화장지

# 잠깐! 점검해 볼까요?

## 01
### 기내 서비스 용품 점검

1. 기내 서비스 용품이란 무엇입니까?

2. 다음 항목별로 기내 서비스 용품 점검 요령을 서술하시오.
   ① 음료
   ② 기내식
   ③ Dry Item
   ④ 면세품

3. 기내 서비스 용품 점검에서 이상 발생 시 조치 요령은 무엇입니까?

## 02
## 기내 서비스 용품 배열

**1.** 신문을 종류별로 배열하시오.

**2.** 잡지를 가지런히 배열하시오.

**3.** 다음의 화장실 용품을 가지런히 배열하시오.

① 화장품

② 칫솔

③ 두루마리 화장지

**4.** 그 외 화장실 용품을 정리하는 요령을 서술하시오.

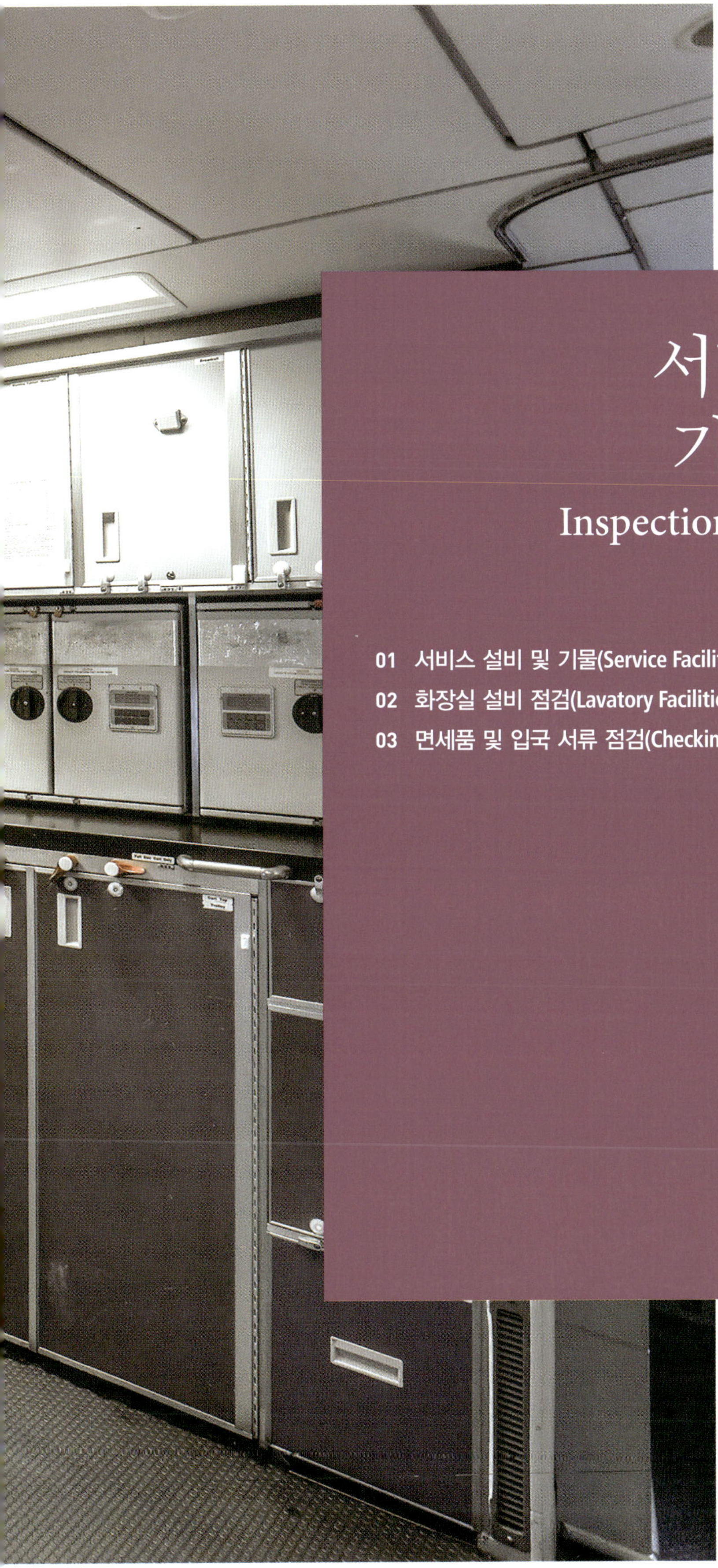

# 서비스 설비 및 기물 점검하기

# Inspection of Service Facilities and Equipment

01 서비스 설비 및 기물(Service Facilities and Equipment)

02 화장실 설비 점검(Lavatory Facilities)

03 면세품 및 입국 서류 점검(Checking Duty Free Items and Arrival Cards)

# 2

# 01

# 서비스 설비 및 기물

## Service Facilities and Equipment

**수행 준거**

객실 서비스 규정에 따라 항공기 운항 시 반드시 필요한 서비스 설비 및 기물의 이상 여부를 점검하고, 조치할 수 있다.

항공기 내의 주요한 서비스 설비 중 대표적인 것은 Galley(갤리)이다. 객실 승무원이 승객의 식사를 준비하고 면세품 판매를 준비하는 등 모든 기내 서비스가 Galley에서 이루어지며, 여기에는 각종 장비들이 설치되어 있다.

대표적인 장비로는 오븐, 커피 메이커, 워터 보일러, 냉장고, 전자레인지, 압축 쓰레기통 등이 있으며, 장비의 작동에 문제가 없는지 비행 전에 반드시 점검해야 한다. 이상를 발견한 경우 사무장 및 선임 승무원에게 보고하고, 정비사의 수리를 받도록 조치해야 한다.

## 1. 서비스 설비

### 1) 오븐

오븐은 기내식, 타월, 빵 등을 데우는 데 사용된다. 기능은 '온도조절' '타이머' 등이며, 정상적으로 작동하는지 점검한다. 또 오븐 안에 이상 물질이 들어 있지는 않은지 문을 열어 점검하고, 오븐 안 Rack의 개수가 부족하지 않은지 확인한다. 오븐을 사용하지 않을 때는 반드시 잠금 상태를 유지하고 착륙 전에는 전원을 끈다.

© Karolis Kavolelis / Shutterstock.com

기내 오븐 외관

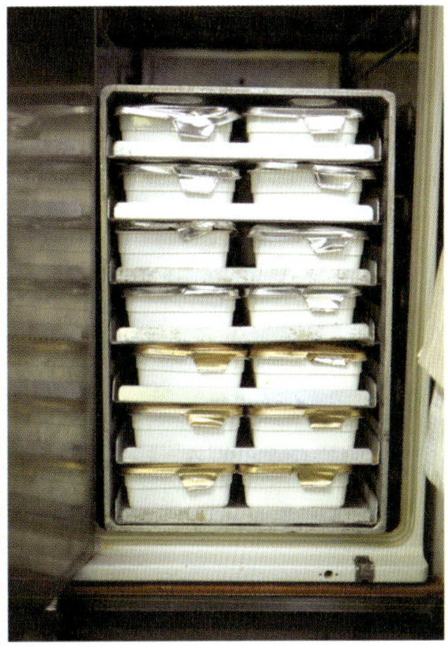

오븐 내부

## 2) 커피 메이커

커피 메이커는 가루 원두커피 팩을 넣고 작동시켜 커피액을 내리는 기계이다. 온도조절 장치에 의해 온도가 조절되고 과열방지 장치가 설치되어 있다. 물을 따로 넣을 필요는 없으며 '전원'과 'BREW' 버튼을 눌러 작동시킨다. 'Warmer' 버튼은 내린 커피액이 따뜻하게 유지되게 해주는 기능이다.

© Getty Images Bank

© Louis.Roth / Shutterstock.com

다양한 종류의 커피 메이커

비행 전 점검 시 모두 버튼이 정상으로 작동하는지 일일이 눌러 보아 확인한다. 때로는 손잡이가 움직이지 않는 결함이 발생하므로 손잡이를 열어 상태를 점검해 본다. 또 커피 Pot의 청결 상태도 점검한다.

이착륙 시에는 커피 메이커 포트 안에 커피가 남아 있지 않아야 하며 열판의 전원도 꺼야 한다.

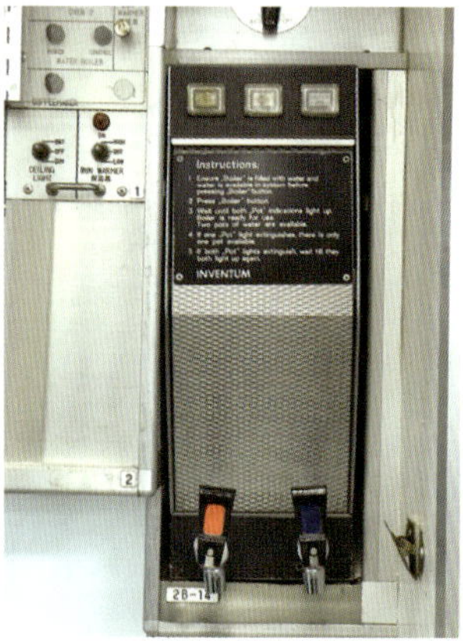


워터 보일러

### 에어 브리딩(Air Bleeding)

워터 보일러를 사용하기 전에 물이 꼭지로부터 기포 없이 안정적으로 나올 때까지 충분히 물을 빼 주는 작업이다. 기포와 함께 물이 나올 때 화상의 우려가 있으며, 충분히 기포를 빼지 않고 워터 보일러를 사용할 경우 과열에 의한 화재가 발생할 수 있으므로 유의하도록 한다.

## 3) 워터 보일러

워터 보일러는 따뜻한 물과 차가운 물을 공급하는 가전이다. 물의 온도가 적당하고 작동에 이상이 없는지 확인한다. 사용 전에는 에어 브리딩(Air Bleeding)을 실시한다.

## 4) 냉장고

찬바람이 나오고 정상으로 작동하는지 확인한다.

## 5) 쓰레기통

모든 Galley에는 쓰레기통이 비치되어 있다. 쓰레기통 뚜껑은 항상 닫혀 있도록 관리한다. 최근 기종에는 쓰레기가 일정량 차면 자동으로 압축하여 부피를 줄이는 압축 쓰레기통(Trash Compactor)이 구비되어 있다. 압축 쓰레기통은 전기로 작동하므로 물과 같은 젖은 쓰레기를 버려서는 안 되며, 압축 시 위험하므로 유리병과 같은 깨지는 물건을 버려서도 안 된다. 또 작동 중에 문을 열면 고장의 원인이 되므로 주의하도록 한다.

비행 전 점검 시 작동 버튼을 눌러 작동에 이상이 없는지 확인한다.

압축 쓰레기통

© Jordan Tan / Shutterstock.com

기내에 장착된 전자레인지

### 6) 전자레인지

주로 일등석이나 비즈니스석에 장착되어 있다. 내부를 열어 이상 물질이 없는지 확인하고, 작동 버튼을 눌러 작동에 이상이 없는지 확인한다.

### 7) 승객 좌석

승객 좌석에는 좌석 벨트, 식사 테이블, 구명복을 비롯하여 등받침 젖힘 기능, 발 받침대(Foot Rest), 팔 받침대(Arm Rest), 승무원 호출 버튼, 독서등, 개인용 모니터, In Seat Power System 등 많은 기능이 장착되어 있다. 이런 기능에 문제가 발생하면 오랜 시간 비행해야 하는 승객은 큰 불편을 겪게 되므로 승객 탑승 전에 철저히 점검한다.

- 좌석 벨트 : 좌석 벨트가 X자로 가지런히 놓여 있는지 확인한다.
- 식사 테이블 : 청결도 및 고정상태 등을 확인한다.
- 구명복 : 좌석 아래 및 옆(기종, 등급별로 상이)에 반드시 1개씩 장착되어 있어야 하므로 육안으로 확인한다.
- 등받침 : 각도 조절이 되는지 확인한다.
- 발 받침대 : 발 받침대 버튼이 있는 경우 버튼을 눌러 확인한다.
- 팔 받침대 : 팔 받침이 위로 올라가는지 확인한다.

일반석 승객 좌석

개인용 모니터 및 리모컨

승객 좌석 주머니

좌석 하단의 구명복

승무원 호출 버튼 및 독서등

ISPS

팔 받침대

- 승무원 호출 버튼 : 작동 이상 유무를 확인한다.
- 독서등 : 작동 이상 유무를 확인한다.
- 개인용 모니터: 모니터 및 리모컨의 작동 여부를 확인한다.
- In Seat Power System : 좌석 하단이나 개인용 모니터 근처의 In Seat Power System에 녹색불이 점등되어 있는지 확인한다.
- 승객 좌석 주머니(Seat Pocket) : 안에 들어 있어야 할 Safety Information Card, 기내 잡지, 구토대, 기내 면세품 사전주문서 등의 유무를 확인한다.

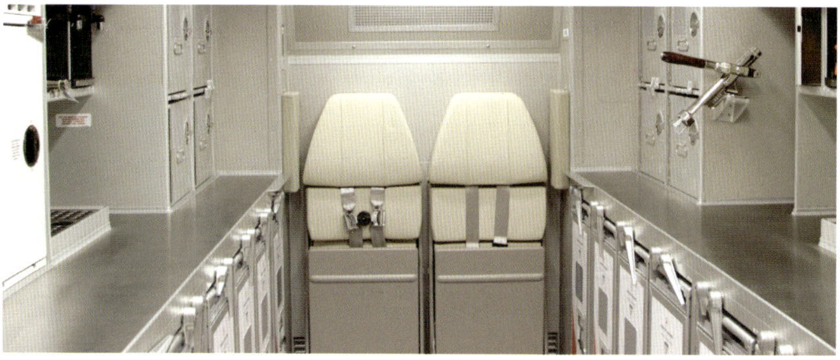

승무원 좌석

승무원 벙크

### 8) 승무원 좌석

승무원 좌석(Jump Seat)은 비상시 승객의 탈출을 돕기 위해 비상구 옆에 위치한다. 1인 혹은 2인이 앉을 수 있으며 영화관 의자처럼 자동으로 접히도록 되어 있다. 탈출에 방해되지 않도록 어깨끈(Shoulder Harness)과 좌석 벨트를 의자 안쪽으로 정리해 놓는다.

### 9) 벙크

벙크(Bunk)는 장거리 비행 시 승무원의 휴식 공간으로 6~8개의 침대가 구비되어 있다. 외부인은 출입 불가하며, 각종 비상 장비, 비상 탈출구, 독서등, 인터폰 등이 장착되어 있다. 청결 상태 및 비상 장비 이상 유무를 확인한다.

### 10) 수하물 선반

수하물 선반(Overhead Bin)은 승객 좌석의 머리 위쪽에 위치하며 승객의 짐을

코트룸

보관하는 공간이다. 승객 탑승 전에는 모든 수하물 선반의 문이 열려 있어야 하며 이상 물건이 없는지 확인한다.

### 11) 코트룸

코트룸(Coatroom)은 승객의 외투 및 짐을 보관하는 공간으로 불필요한 물건이 자리를 차지하고 있지는 않은지 확인한다. 경우에 따라 기내 서비스 용품 등을 보관하기도 하나, 승객의 짐 보관에 방해가 되어서는 안 된다.

© Getty Images Bank

승객 탑승 전 열려 있는 수하물 선반

### 12) 통로

객실 통로(Aisle)는 항공기 규모에 따라 1개 혹은 2개가 있다. 통로가 1개인 항공기는 소형기(Narrow Body), 통로가 2개인 항공기는 중형기, 대형기(Wide Body)라 한다. 청결 상태를 확인한다.

- Narrow Body : B737, CS300 등
- Wide Body : A300, A330, B777, B747, A380 등

© Getty Images Bank

객실 통로

### 13) Cabin Attendant Station Panel(기내 승무원 조절 패널)

기내의 보딩 뮤직, 온도, 조명, 방송, 물 탑재량 및 항공기 도어 상태 등을 제어하고 확인할 수 있는 시스템이다. 보통 L1에 위치하며, 기종에 따라 설치 장소와 세부조절 패널이 상이하다.

### 14) 기내 온도 설비

객실의 적정 온도는 24±1℃ 정도이다. 객실 승무원은 객실의 쾌적한 환경 조성을 위해 기내 온도에 신경 써야 한다. 객실 온도는 Cabin Attendant Station Panel(기내 승무원 조절 패널)에서 조절 가능하며, 작동에 이상이 없는지 확인한다. 패널이 없는 기종은 기장에게 연락하여 조종실에서 조절한다.

비행 중 승객 개인이나 좌석 위치에 따라(창가, 비상구) 요구하는 적정 온도가 다를 수 있으므로 담요, 따뜻하거나 시원한 음료를 우선적으로 세심하게 서비스한다.

## 15) 기내 조명

기내 조명은 승객의 탑승부터 하기 시점까지 비행 단계에 따라 적절히 조절한다. Cabin Attendant Station Panel(기내 승무원 조절 패널)에서 조절하며, 가장 밝은 Full Bright, Bright, Medium, Dim, Night, Mood Light(A380) 등으로 밝기를 조절한다. 승객 탑승 시는 Full Bright를 유지하도록 한다.

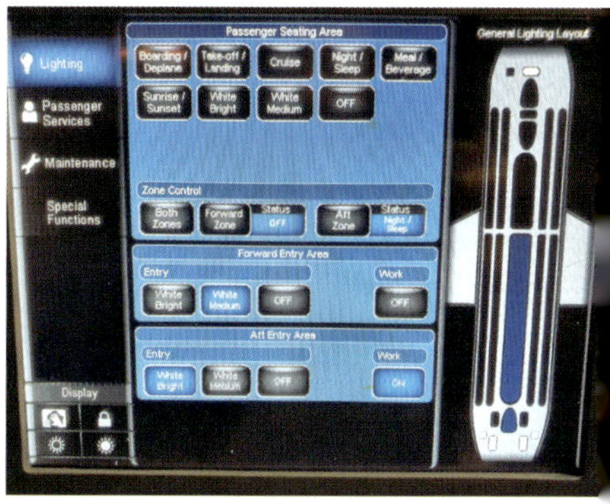


B737 기종 Cabin Attendant Station Panel(기내 승무원 조절 패널)

| 비행 단계 | 조명 밝기 |
|---|---|
| 승객 탑승 | Full Bright |
| 이착륙 | Dim |
| 식사 서비스 | Full Bright |
| 면세품 판매 | Full Bright / 구간별 조절 가능 |
| 승객 휴식 | Night |
| 승객 하기 | Full Bright |

기내 승무원이 패널을 조작하는 모습

## 16) 객실 식수량, 오물량 확인(Waste Tank)

항공기 출발 전 사무장은 비행 중 필요한 양의 음용수가 탑재되었는지 확인하고, 음용수가 부족하다면 정비사를 통해 주문한다. 또 오물량 지시 화면에서 항공기에 설치된 오물 탱크의 잔량을 확인하고, 오물 탱크가 비워져 있도록 조치해야 한다.

## 17) VCC(Video Control Center)

기내 비디오 서비스를 관리하는 주 장비를 말한다. 모든 승객 좌석의 비디오가 작동하는지 확인한다.

# 2. 서비스 기물

서비스 기물이란 재사용 가능한 기내 서비스 물품으로, 사용 후 케이터링 센터(기내식 센터)에서 세척하여 다시 기내로 탑재된다. 매우 다양한 종류의 기물이 탑재되므로 누락된 기물이 없는지 꼼꼼히 점검하고 청결 상태를 확인한다.

Ice Scoope, Ice Pick, Oven 장갑 등 Galley 내에서 사용하는 기물은 승객의 가시권 내에서는 사용하지 않는다. 또 사용하기 전엔 기물의 청결 상태를 한 번 더 확인하도록 한다.

기물은 딱딱한 금속 소재가 많아 소음이 발생하기 쉬우므로 서로 부딪치거나 소리가 나지 않도록 조심스럽게 취급한다.

### 1) Muddler Box

설탕, 크림, 티백(Tea Bag), Muddler 등을 담는 용도로 사용한다.

### 2) Ice Bucket

얼음을 담는 통이다.

### 3) Tong(집게)

Ice Tong, Bread Tong, Towel Tong, Salad Tong, Lemon Tong 등 용도에 따라 종류가 다양하다.

### 4) Oven 장갑

오븐 안의 뜨거운 기내식을 다룰 때 착용하는 장갑이다.

### 5) Ice Pick

덩어리진 얼음을 깨는 용도로 사용하는 기물이다.

### 6) Ice Scoop

얼음을 떠서 담는 데 사용하는 기물이다.

### 7) Pot

커피나 차를 제공할 때 사용하는 주전자이다.

### 8) Tray

승객에게 서비스 용품을 제공할 때 사용하는 쟁반으로, Large Tray와 Small Tray, 2/3Tray로 구분된다.

# 02

# 화장실 설비 점검
## Lavatory Facilities

**수행 준거**

객실 서비스 규정에 따라 항공기 운항 시 반드시 필요한 화장실 설비의 이상 유무를 점검하고, 조치할 수 있다.

기내 화장실(Lavatory)은 많은 승객이 공용으로 사용하는 공간이므로, 운항 전에 고장이나 이상이 있는지 확인해야 비행 중 승객들이 불편을 겪지 않는다. 화장실은 담당 승무원이 있기 마련이나, 항공기에 탑승한 모든 승무원이 책임감을 가지고 수시로 점검하여 항상 청결을 유지하도록 한다.

기내 화장실

### 1. Smoke Detector(연기 감지기)

기내 화장실의 화재 발생을 방지하기 위해 금연을 법으로 규정하고 있다. 따라서 연기를 감지하는 Smoke Detector(연기 감지기)가 화장실 내부 천장에 설치되어 있다. 연기가 감지되면 Smoke Detector는 경고음을 울리고 경고음이 울리면 경고등도 점등된다. Smoke Detector에 이물질이 끼어 있지 않은지 확인한다.

Smoke Detector(연기 감지기)

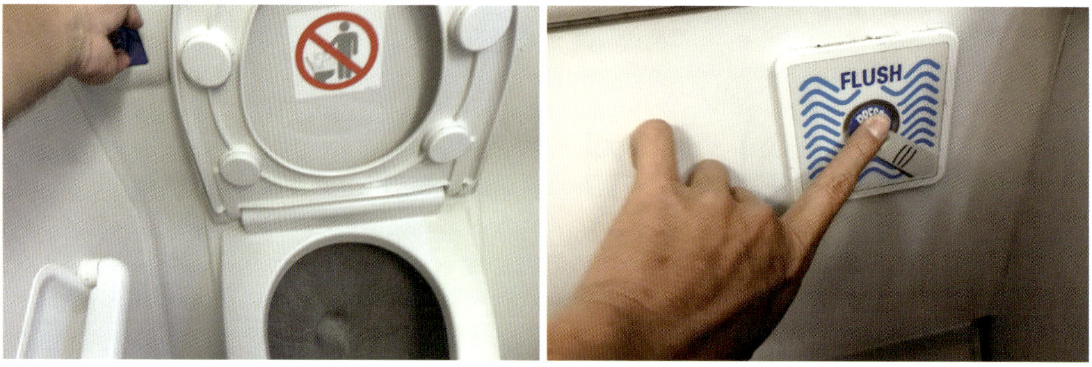




Flushing(물내림) 버튼

## 2. 변기

화장실의 변기는 수세식(Water Flushing Type)과 진공식(Vacuum Type)으로 구분된다. 수세식은 물을 이용한 방식으로 구형 항공기에 장착되어 있고, 진공식은 기내 압력과 탱크 압력의 차(항공기 외부 압력과 같은 저압력)를 이용하여 흡입되는 방식으로 신형 항공기에 장착되어 있다. Flushing(물내림) 버튼을 눌러 작동에 이상이 없는지 확인한다.

## 3. 수도꼭지

배수구에 이상이 없는지, 물 공급이 원활한지 확인한다. 수도꼭지는 물을 틀고 난 뒤 자동으로 잠기는 기종과 수동으로 열고 닫는 기종으로 구분된다.

## 4. 물비누

수도꼭지 옆에 있는 물비누를 눌러 보아 내용물이 잘 나오는지 확인한다.

## 5. 쓰레기통

쓰레기통은 뚜껑이 닫혀 있어야 하며, 안의 내용물 처리가 잘 되어 있는지 확인

© Getty Images Bank

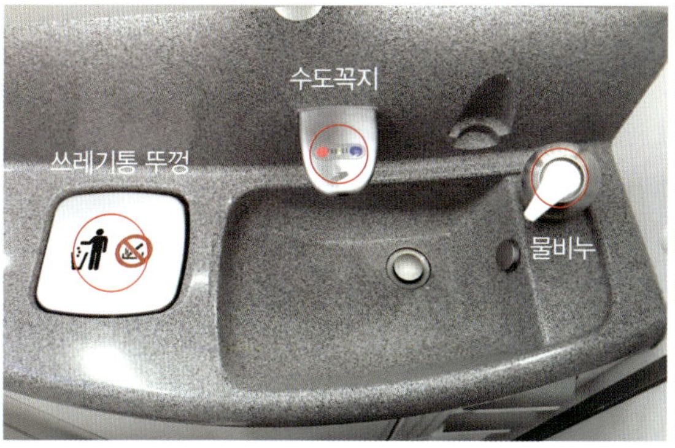

세면대

쓰레기통 뚜껑

한다.

화장실 설비를 점검하는 요령은 다음과 같다.

- 화장실 청결 상태를 확인한다(바닥, 거울 등).
- 화장실 용품 배열 상태를 확인한다.
- 이상 물질 탑재 여부를 확인한다.
- 배수구 및 수도꼭지 물 작동의 이상 여부를 확인한다.
- 변기 물내림을 확인한다.
- 화장실 내 컴파트먼트 잠금 상태를 확인한다.
- Smoke Detector(스모크 디텍터) 위치 및 작동, 이물질 여부를 확인한다.

# 03

# 면세품 및 입국 서류 점검

## Checking Duty Free Items and Arrival Cards

수행 준거

- 운송 서비스 규정에 따라 항공기 목적지 도착 시, 입국에 필요한 제반 입국 관련 서류의 탑재 여부 및 수량을 점검하고, 조치할 수 있다.
- 객실 서비스 규정에 따라 항공기 운항 시 판매할 면세품의 탑재 여부 및 수량을 점검하고, 조치할 수 있다.

### 1. 면세품 점검

기내 면세품 서비스는 승객들에게 호응이 매우 좋은 서비스 중 하나로 술, 담배, 화장품, 향수, 초콜릿 등 매우 다양한 물품을 판매한다.

대한항공의 경우 A380 항공기에 면세품 전시공간을 설치, 운영하여 승객들이 직접 면세품을 둘러보고 체험할 수 있도록 하고 있다. 대부분의 항공사는 승객의 편의를 위해 국제선에서 기내 면세품을 판매한다. 면세품은 대부분 고가의 물품이므로 철저한 확인이 필요하다.

면세품 판매 담당 승무원의 업무 절차 및 점검 요령은 다음과 같다.

- 기내 환율(원화, 달러, 엔화)을 확인한다.(매달 변동됨)
- 항공기 탑승 전, 관련 부서 혹은 지정 은행에서 잔돈을 수령한다.
- 항공기 탑승 후, 해당 항공기에 탑재된 면세품의 종류 및 수량을 확인한다.
- 고가의 면세품은 면세품 탑재 담당자와 탑재 여부를 상호 확인한다.
- 면세품의 탑재 상태: 포장이 뜯겨 있거나 품질 상태가 불량하지 않은지 확인

대한항공 A380의 면세 전시 공간

기내 면세품 책자

한다.

- 면세품 판매 보조용품의 탑재: 면세품 판매 POS 장비, 보조 배터리, 여분의 영수증, 쇼핑백 등을 확인한다.
- 판매 시 필요한 조견표(면세품 리스트) 탑재 여부를 확인한다.

위의 모든 사항은 면세품 탑재 담당자와 함께 점검하며, 이상이 있을 경우 면세품 담당 케이터링 직원에게 연락하여 신속히 추가 탑재되도록 조치를 취한다.

## 2. 출입국 서류 점검

국제선의 경우 항공기가 목적지에 도착한 후 목적지 국가에 입국하기 위해서는 해당 국가의 출입국 서류를 작성하여 입국 심사를 받아야 한다. 이에 승객들이 항공기 내에서 입국 서류를 작성할 수 있도록, 객실 승무원은 입국 서류를 지상 직원으로부터 수령해야 한다.

입국 서류는 국가별로 필요한 종류가 다르므로 비행 전 해당 국가의 출입국 규정을 습득한다. 또 한국어, 영어, 중국어, 일본어 등 다양한 언어로 제공할 수 있으므로 승객의 국적 비율에 맞게 적절한 매수가 탑재되었는지 확인한다.

출입국 서류의 점검 사항은 다음과 같다.

- 목적지 국가의 출입국 규정에 따른 입국 서류의 종류를 확인한다.
- 승객 수와 탑재 매수의 일치 여부를 확인한다(여유분 확인).
- 승객의 국적별 언어를 확인한다.
- 찢어져 있거나 잘못 인쇄된 파본의 유무를 확인한다.

이상 발견 시 조치 사항은 다음과 같다.

- 해당 내용을 각 클래스 서비스를 관장하는 선임 승무원에게 보고한다.
- 이를 전달받은 객실 사무장(Cabin Manager)은 항공사 케이터링(Catering)에게 전달하여 적합한 조치가 이루어지도록 한다.
- 서비스 용품이 탑재되지 않았거나 품질 상태에 이상이 있는지 확인하고, 이상이 있을 때는 보고를 통해 용품이 탑재되도록 조치한다.

# 대한민국의 출입국 관련 서류

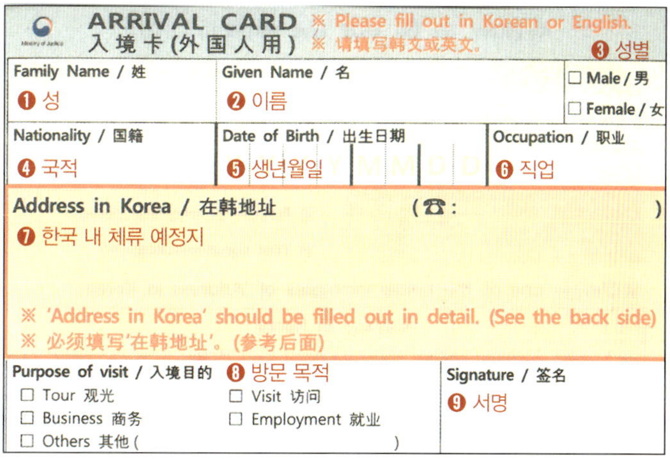

ARRIVAL CARD 入境卡(外国人用)

※ Please fill out in Korean or English.
※ 请填写韩文或英文。

| Family Name / 姓<br>❶ 성 | Given Name / 名<br>❷ 이름 | ❸ 성별<br>☐ Male / 男<br>☐ Female / 女 |
|---|---|---|
| Nationality / 国籍<br>❹ 국적 | Date of Birth / 出生日期<br>❺ 생년월일 | Occupation / 职业<br>❻ 직업 |

Address in Korea / 在韩地址 (☎ : )
❼ 한국 내 체류 예정지

※ 'Address in Korea' should be filled out in detail. (See the back side)
※ 必须填写'在韩地址'。(参考后面)

Purpose of visit / 入境目的 ❽ 방문 목적
☐ Tour 观光 ☐ Visit 访问
☐ Business 商务 ☐ Employment 就业
☐ Others 其他 ( )

Signature / 签名
❾ 서명

대한민국 입국신고서

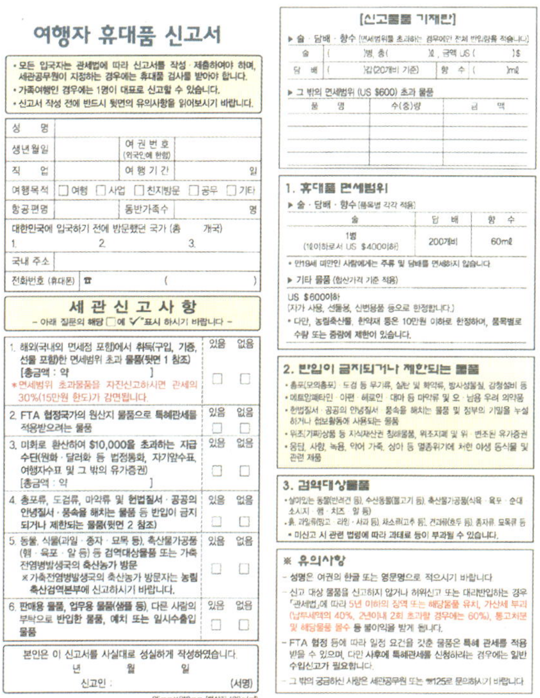

## 여행자 휴대품 신고서

- 모든 입국자는 관세법에 따라 신고서를 작성·제출하여야 하며, 세관공무원이 지정하는 경우에는 휴대품 검사를 받아야 합니다.
- 가족여행인 경우에는 1명이 대표로 신고할 수 있습니다.
- 신고서 작성 전에 반드시 뒷면의 유의사항을 읽어보시기 바랍니다.

| 성 명 | | | |
|---|---|---|---|
| 생년월일 | | 여 권 번 호 (외국인에 한함) | |
| 직 업 | | 여 행 기 간 | 일 |
| 여행목적 | ☐ 여행 ☐ 사업 ☐ 친지방문 ☐ 공무 ☐ 기타 | | |
| 항공편명 | | 동반가족수 | 명 |
| 대한민국에 입국하기 전에 방문했던 국가 (총 개국) 1. 2. 3. | | | |
| 국내 주소 | | | |
| 전화번호 (휴대폰) | ☎ ( ) | | |

**세 관 신 고 사 항**
- 아래 질문의 해당 ☐에 "✓"표시 하시기 바랍니다 -

| | 있음 | 없음 |
|---|---|---|
| 1. 해외(국내외 면세점 포함)에서 취득(구입, 기증, 선물 포함)한 면세범위 초과 물품(뒷면 1 참조) [총금액 : 약 ]<br>* 면세범위 초과물품을 자진신고하시면 관세의 30%(15만원 한도)가 감면됩니다. | ☐ | ☐ |
| 2. FTA 협정국가의 원산지 물품으로 특혜관세를 적용받으려는 물품 | ☐ | ☐ |
| 3. 미화로 환산하여 $10,000을 초과하는 지급수단(원화·달러화 등 법정통화, 자기앞수표, 여행자수표 및 그 밖의 유가증권) [총금액 : 약 ] | ☐ | ☐ |
| 4. 총포류, 도검류, 마약류 및 헌법질서·공공의 안녕질서·풍속을 해치는 물품 등 반입이 금지되거나 제한되는 물품(뒷면 2 참조) | ☐ | ☐ |
| 5. 동물, 식물(과일·종자·묘목 등), 축산물가공품(햄·육포·알 등) 등 검역대상물품 또는 가축전염병발생국의 축산농가 방문<br>※ 가축전염병발생국의 축산농가 방문자는 농림축산검역본부에 신고하시기 바랍니다. | ☐ | ☐ |
| 6. 판매용 물품, 업무용 물품(샘플 등), 다른 사람의 부탁으로 반입한 물품, 예치 또는 일시수출입 물품 | ☐ | ☐ |

본인은 이 신고서를 사실대로 성실하게 작성하였습니다.
년 월 일
신고인 : (서명)

85mm×210mm (백상지 120g/㎡)

**[신고물품 기재란]**

▶ 술·담배·향수 (면세범위를 초과하는 경우에만 전체 반입량을 적습니다)

| 술 | ( )병, 총( )ℓ, 금액 US ( )$ | | |
|---|---|---|---|
| 담 배 | ( )갑(20개비 기준) | 향 수 | ( )mℓ |

▶ 그 밖의 면세범위 (US $600) 초과 물품

| 품 명 | 수(중)량 | 금 액 |
|---|---|---|
| | | |

**1. 휴대품 면세범위**

▶ 술·담배·향수 (품목별 각각 적용)

| 술 | 담 배 | 향 수 |
|---|---|---|
| 1병 (1ℓ이하로서 US $400이하) | 200개비 | 60mℓ |

- 만19세 미만인 사람에게는 주류 및 담배를 면세하지 않습니다.

▶ 기타 물품 (합산가격 기준 적용)

US $600이하
(자가 사용, 선물용, 신변용품 등으로 한정합니다.)
- 다만, 농림축산물, 한약재 등은 10만원 이하로 한정하여, 품목별로 수량 또는 중량에 제한이 있습니다.

**2. 반입이 금지되거나 제한되는 물품**

- 총포(모의총포)·도검 등 무기류, 실탄 및 화약류, 방사성물질, 감청설비 등
- 메트암페타민·아편·헤로인·대마 등 마약류 및 오·남용 우려 의약품
- 헌법질서·공공의 안녕질서·풍속을 해치는 물품 및 정부의 기밀을 누설하거나 첩보활동에 사용되는 물품
- 위조(가짜)상품 등 지식재산권 침해물품, 위조지폐 및 위·변조된 유가증권
- 웅담, 사향, 녹용, 악어 가죽, 상아 등 멸종위기에 처한 야생 동식물 및 관련 제품

**3. 검역대상물품**

- 살아있는 동물(반려견 등), 수산동물(물고기 등), 축산물가공품(식육·육포·순대·소시지·햄·치즈·알 등)
- 흙, 과일류(망고·라임·사과 등), 채소류(고추 등), 견과류(호두 등), 종자류, 묘목류 등
- 미신고 시 관련 법령에 따라 과태료 등이 부과될 수 있습니다.

**※ 유의사항**

- 성명은 여권의 한글 또는 영문명으로 적으시기 바랍니다.
- 신고 대상 물품을 신고하지 않거나 허위신고 또는 대리반입하는 경우 「관세법」에 따라 5년 이하의 징역 또는 해당물품 유치, 가산세 부과(납부세액의 40%, 2년이내 2회 초과할 경우에는 60%), 통고처분 및 해당물품 몰수 등 불이익을 받게 됩니다.
- FTA 협정 등에 따라 일정 요건을 갖춘 물품은 특혜 관세를 적용받을 수 있으며, 다만 사후에 특혜관세를 신청하려는 경우에는 일반 수입신고가 필요합니다.
- 그 밖의 궁금하신 사항은 세관공무원 또는 ☎125로 문의하시기 바랍니다.

대한민국 세관신고서

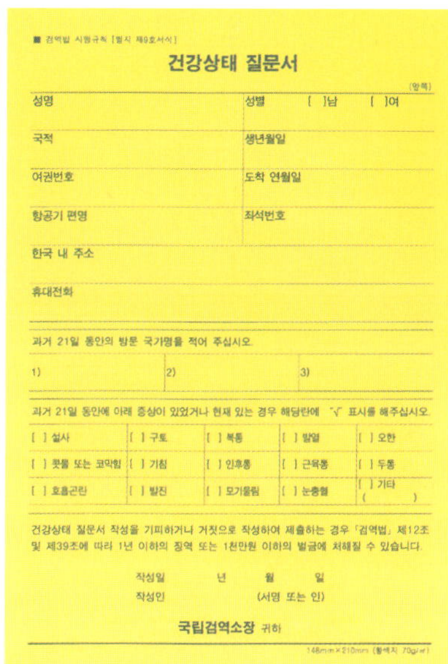

■ 검역법 시행규칙 [별지 제9호서식]

## 건강상태 질문서

(앞쪽)

| 성명 | 성별 [ ]남 [ ]여 |
|---|---|
| 국적 | 생년월일 |
| 여권번호 | 도착 연월일 |
| 항공기 편명 | 좌석번호 |
| 한국 내 주소 | |
| 휴대전화 | |

과거 21일 동안의 방문 국가명을 적어 주십시오.

| 1) | 2) | 3) |
|---|---|---|

과거 21일 동안에 아래 증상이 있었거나 현재 있는 경우 해당란에 "√" 표시를 해주십시오.

| [ ] 설사 | [ ] 구토 | [ ] 복통 | [ ] 발열 | [ ] 오한 |
|---|---|---|---|---|
| [ ] 콧물 또는 코막힘 | [ ] 기침 | [ ] 인후통 | [ ] 근육통 | [ ] 두통 |
| [ ] 호흡곤란 | [ ] 발진 | [ ] 모기물림 | [ ] 눈충혈 | [ ] 기타 ( ) |

건강상태 질문서 작성을 기피하거나 거짓으로 작성하여 제출하는 경우 「검역법」 제12조 및 제39조에 따라 1년 이하의 징역 또는 1천만원 이하의 벌금에 처해질 수 있습니다.

작성일 년 월 일
작성인 (서명 또는 인)

**국립검역소장** 귀하

148mm×210mm (황색지 70g/㎡)

대한민국 검역질문서

# 잠깐! 점검해 볼까요?

## 01 서비스 설비 및 기물

1. 오븐 점검 요령을 쓰시오.

2. 커피 메이커 점검 요령을 쓰시오.

3. 워터 보일러 점검 요령을 쓰시오.

4. 승객 좌석 점검 요령을 쓰시오.

5. 벙크 점검 요령을 쓰시오.

6. Cabin Attendant Station Panel(기내 승무원 조절 패널)에서 조절 가능한 것을 쓰시오.

7. 서비스 기물의 종류를 열거해 보시오.

## 02
### 화장실 설비 점검

1. 화장실 설비 점검 요령을 쓰시오.

## 03
### 면세품 및 입국 서류 점검

1. 입국 서류 점검 요령을 쓰시오.

2. 입국 서류 점검 후 이상이 있을 때 조치 요령을 쓰시오.

3. 면세품 탑재 점검 요령을 쓰시오.

4. 면세품 점검 후 이상이 있을 때 조치 요령을 쓰시오.

At this seat, we're pleased to offer you
United Private Screening
FASTEN SEAT BELT WHILE SEATED
LIFE VEST UNDER SEAT

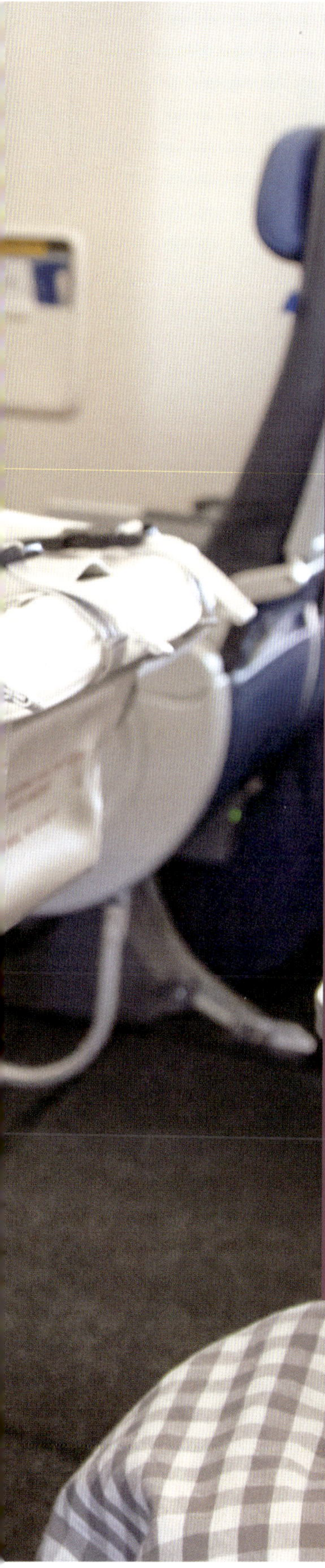

# 특별 서비스 요청사항 점검하기

## Inspection of Special Service Request



3

# 01

# SSR 이해

## What Is SSR?

### 수행 준거

- 객실 서비스 규정에 따라 승객 탑승 전, 해당 항공기의 특별 서비스 항목을 점검하고 조치할 수 있다.
- 객실 서비스 규정에 따라 승객 탑승 전, 해당 승객의 특별 서비스 용품이 탑재되어 있는지를 점검하고, 조치할 수 있다.

**참고**

SSR의 명칭은 항공사마다 상이하며, 대한항공의 경우 SHR(Special Handling Request)이라고 한다.

SSR이란 'Special Service Request'의 약자로 승객의 인적사항, 요청사항, 특이사항, 좌석 번호, 승객의 마일리지 등이 기재된 특별 서비스 요청서이다. 승객 탑승 전후에 지상 직원으로부터 전달받으며, 객실 승무원은 SSR을 통해 승객 정보를 미리 파악할 수 있다. SSR은 승객의 개인정보가 기재된 문서이므로 비행 후에는 파기하여 승객 정보가 외부에 유출되지 않도록 해야 한다.

| | | |
|---|---|---|
| ***02A/ICN*** | (편수와 목적지) | ***02B/ICN*** |
| MRS, LEE MI SUN | (이름) | MR, PARK BO GEUM |
| T: DOCTOR | (직함) | T: PRESIDENT |
| O: JEJU HOSPITAL | (소속) | O: AIR CHINA |
| M: | (식사) | M: VGML |
| S: BK349857 | (상용고객 넘버) | S: BK238191 |
| 094 TIMES, 35972 MILES | (비행 횟수 및 마일리지) | 038 TIMES, 23000 MILES |
| N: | (다음 비행) | N: |
| D: 12,JUN,1980 | (생년월일) | D: 08,FEB,1978 |
| F: 10,MAR,2019 | (직전 비행) | F: 30,MAY,2018 |
| C: | (COMMENT) | C: |

일등석 SSR 예시

# 좌석 등급별 SSR

```
********************************************************************
F CABIN                                                     TOTAL   8
     *** 001A/SEA ***                     *** 001D/SEA ***
MR KIM/JUNGMIN  (KR)                  : SONG/SEUNG HEON  (KR)
T: HOE JANG                           :T: MANAGING DIRECTOR
O: (JU)FASHION21                      :O: SENGAGE
S: 112317247579           MMC         :S: 115117464215           MC
     400TIMES   1138536MILES          :       35TIMES     92729MILES
N:                                    :N:
D: 720808                             :D: 740511
F: 2018/07/11 KE19      ICNSEA        :F: 2018/07/11 KE604      HKGICN
M:                                    :M:
C: VOCP **VOC_PAX**                   :C: SHR – IU-F
        C1S0/31JUL13                  :
        CATERING_SHORTAGE OF          :
        ITEMS
--------------------------------------------------------------------
     *** 002A/SEA ***                     *** 002D/SEA ***
MS WOO/DOEUN  (KR)                    : MS BAEK/SEOLA  (KR)
T: CEO                                :T:
O: REPOREM                            :O:
S: 112415507228           MP          :S: 113628623194           MC
     642TIMES   831620MILES           :       35TIMES     92729MILES
N:                                    :N:
D: 550625                             :D: 860330
F: 2018/07/11 KE19      ICNSEA        :F: 2018/07/11 KE19      ICNSEA
M:                                    :M:
C:FRES                                :C:
--------------------------------------------------------------------
     *** 001E/SEA ***                     *** 001J/SEA ***
 XXEXC/BLOCK F                        : MR KIM/KIMIN  (KR)
T:                                    :T:
O:                                    :O:
S:                                    :S: 114862283585           MC

                                      :       43TIMES     263296MILES
N:                                    :N: KE3081   11JUL  SEA F
D:                                    :D: 670805
F:                                    :F: 2018/07/11 KE19      ICNSEA
M:                                    :M:
C: CREW                               :C: SHR – IU-F
```

일등석 SSR

```
010A/SEA        MS KIM/MINJEONG                                    (KR)
                113025233045 *** MORNING CALM CLUB ***
                   53TIMES   131435MILES
                FINAL OBD: 2018/07/11 KE19    ICNSEA
010B/SEA        MR KWON/OHYOUNG
                (DAE PYO I SA / (JU)DONG WON JONG HAB BAE GWAN)
                113214705428 *** MORNING CALM CLUB ***
                   68TIMES   136209MILES
                FINAL OBD: 2018/07/11 KE19    ICNSEA
010D/SEA        MR CHA/EUNWOO                                      (KR)
                116618059088 *** MORNING CALM CLUB ***
                   13TIMES   70516MILES
                FINAL OBD: 2018/07/11 KE19    ICNSEA
                SHR – IU-C
010E/SEA        MR LEE/DONGWOOK                                    (KR)
                113018095792 *** MORNING CALM CLUB ***
                   22TIMES   46175MILES
                SHR – IU-C
010H/SEA        MS PARK/NARAE                                      (KR)
                (GYO SA/ )
                112525323197 *** GENERAL MEMBER ***
                   81TIMES   155808MILES
                FINAL OBD: 2018/07/11 KE19    ICNSEA
```

비즈니스석 SSR

```
029A/SEA           MS KIM/SUNYOUNG                        (KR)
                   DEAF
029F/SEA           JOHNSON/AARON TAYLOR                   (US)
029G/SEA           MS BLUNT/EMILY OLIVIA LEAH             (US)
                   WCHR
030B/SEA   CHD     MSTR LAU/HENRY                         (CA)
                   CHLD 07AUG09
030E/SEA           SALONGA/MARIA LEA CARMEN IMUTAN        (PH)
                   WCHR PAX CANT WALK LONG DISTANCE DUE TO RECENT
                   SURGERY
030F/SEA           DEPP/JOHNNY CHRISTOPHER                030G/SEA
                   DEPP/LILY ROSE MELODY                  (US)
           INF     DEPP/JACK                              (US)
                   BBML
                   INFT DEPP/JACK 22JUL17
031C/SEA   CMI     HOLTON/ERICA FAITH                     (US)
                   CHML 1PORK CUTLET/2FRIED RICE/EGG
                   CHLD 26DEC12
031E/SEA           SONG/JUNGGI                            (KR) MKT-DL
                   FPML
                   SHR-MIDDLE SEAT INFO OK
031F/SEA           NGUYEN/THIHUONG                        (VN)
```

일반석 SSR

```
*******************************************************************
SPECIAL PASSENGER SUMMARY
F CABIN      CREW     001E
             ELIP     001A 002A 002E
             FRES     002A
             MM       001A
             MP       002A
             VOCP     001A
C CABIN      CHLD     012A 012D 014B
             ELIP     007E 007H 008J 009D 009E 009H
             FMLY     010B
             MP       007H 008J 009E
             VOCP     007H
Y CABIN      AVIH     041G
             BBML     030G
             BSCT     042F
             CHLD     028E 030B 031C 032H 032J 033D 034A 034D
                      034J 035H 036H 038B 039G 039J 042B 042J
                      043J 045E 046F 047B 047F 047G 053H
             CHML     028E 031C 034A 034D 034J 035H 038B 039G
                      039J 042J 045E 046F 047B 047F 047G 053H
             CREW     041A 046B
             DEAF     029C
             FMLY     028D
             FPML     031E 046A
             HNML     037E 037F
             ICML     028D 042F
             INFT     028D 030G 042F
             SFML     048J
             SPMA     039H
             VGML     041C
             VLML     032F 048A
             VOML     033H 033J
             WCHR     029A 029G 030E 033G 049A 050D 051F
             WCHS     039E 039F 044E 044F
*******************************************************************
```

SSR의 마지막 페이지/승객 요청사항 정리

# 02

# SSR 특별 서비스 코드

## What Is Special Service Code in SSR?

### 수행 준거

- 객실 서비스 규정에 따라 승객 탑승 전, 해당 항공기의 특별 서비스 항목을 점검하고 조치할 수 있다.
- 객실 서비스 규정에 따라 승객 탑승 전, 해당 승객의 특별 서비스 용품이 탑재되어 있는지를 점검하고, 조치할 수 있다.

SSR은 알파벳 코드로 이루어져 있으므로 주요 코드를 암기하도록 한다.

## 1. 주요 코드

| 코드 | 의미 |
|---|---|
| AVIH | 화물칸에 반입된 애완동물<br>(Animal In Hold) |
| BLND | 시각장애 승객 |
| BSCT | 유아용 침대 |
| CBBG | 좌석 예약 휴대 수하물<br>(Cabin Reserved Seat Baggage) |
| CHD | 소아 승객 |
| DEAF | 청각장애 승객 |
| DEPO | 추방자(Deportee) |
| GTR | 공무로 해외여행을 하는 공무원 및<br>이에 준하는 승객 |

| 코드 | 의미 |
|---|---|
| INAD | 입국 거절 승객<br>(Inadmissible Passenger) |
| INF | 좌석을 점유하지 않은 유아 승객(Infant) |
| I/U | Involuntary Upgrade |
| L/O | Lay Over |
| M/A, MASS | Meet and Assist |
| M/D | Main Deck |
| MSG | Message |
| NOSH | No Show |

| 코드 | 의미 |
|---|---|
| NOSUB | Not Subject to Load |
| OBD | On Board |
| OXYG | Stretcher 승객용 산소 장비 |
| PAX | Passenger |
| RSVN | Reservation |
| STA | Scheduled Time of Arrival |
| STCR | Stretcher Passenger |
| STD | Scheduled Time of Departure |
| STF | Staff |
| STN | Station |
| SUBLO | Subject to Load |

| 코드 | 의미 |
|---|---|
| S/U | Show Up |
| SVC | Service |
| TKT | Ticket |
| T/S | Transit |
| UM | Unaccompanied Minor |
| TWOV | Transit Without VISA |
| VIP/CIP | 특별한 예우가 요구되는 대내외 귀빈 |
| WCOB | Wheelchair for Onboard<br>(객실 탑승 시 필요) |
| WCHC | Wheelchair for Cabin<br>(객실 안에서 이동 시 필요) |
| WCHR | Wheelchair for Ramp<br>(램프 이동 시 필요) |
| WCHS | Wheelchair for Steps<br>(계단 이동 시 필요) |

## 2. 특별 서비스 요청 승객

특별 서비스 요청 승객은 객실 브리핑에서 일차적으로 알 수 있다. 자신의 담당구역에 특별 서비스 요청 승객이 있다면 서비스 종류 및 좌석 번호를 숙지해야 한다. 항공기 탑승 후, 지상 직원으로부터 전달받은 SSR을 확인하여 최종적으로 특별 서비스 요청 승객을 확인할 수 있다.

**UM 편지지**

UM 승객의 비행을 궁금해할 보호자에게 담당 승무원이 보내는 편지로, 승객의 식사 종류, 수면 상태, 본 영화, 승무원 코멘트 등을 적는다.

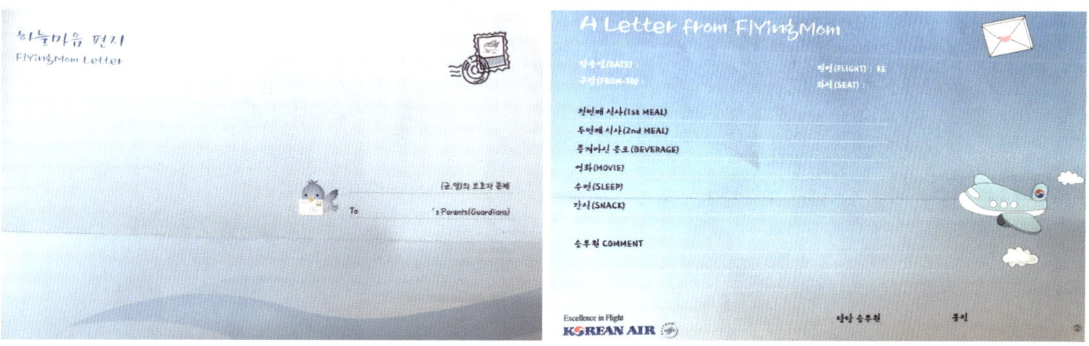

UM 편지지

# 03

# 스페셜 밀
Special Meal

**수행 준거**

- 객실 서비스 규정에 따라 승객 탑승 전, 해당 항공기의 특별 서비스 항목을 점검하고 조치할 수 있다.
- 객실 서비스 규정에 따라 승객 탑승 전, 해당 승객의 특별 서비스 용품이 탑재되어 있는지를 점검하고, 조치할 수 있다.

스페셜 밀(Special Meal)이란 종교, 건강, 아기(어린이) 동반, 기념일 등의 이유로 특별히 주문하는 식사이다. 객실 승무원은 지상에서 운송 직원으로부터 전달받은 SSR을 참고하여 해당 편수의 스페셜 밀의 종류 및 개수를 확인한다. 문제가 있을 경우 즉시 객실 사무장에게 보고한다.

## 1. 종교식

| 종류 | 설명 |
|---|---|
| HNML(Hindu Meal)<br>힌두교식 | • 노 비프(no beef), 소고기나 송아지고기를 먹지 않는 힌두교도를 위한 기내식<br>– 비채식 인도 식사<br>– 소고기, 송아지고기, 돼지고기, 날생선 및 훈제생선을 사용치 않으나 양고기, 가금류, 조리된 생선류, 해산물, 유제품은 사용 |
| MOML(Moslem Meal)<br>회교도식 | • 노 포크(no pork), 돼지고기를 먹지 않는 이슬람교도를 위한 기내식<br>– 알코올, 돼지고기, 햄, 베이컨, 젤라틴 또는 돼지고기 부산물은 제공 불가<br>– 소고기, 양고기, 가금류 등이 필히 '회교율법'에 따라 준비된 재료 사용 |
| KSML(Kosher Meal)<br>유대교식 | • 유대정교인의 종교 기내식<br>• 유대교 율법에 따라 조리하고 기도를 올린 음식<br>• 식기는 재사용하는 것을 금하므로 일회용 기물을 사용<br>• 밀봉 상태로 탑재<br>• 식사를 오븐에 데우기 전 반드시 승객 허락하에 개봉하여 가열 |

**KSML 서비스 시 대화문 예시**

(SSR을 참고하여 승객의 좌석 및 성함을 확인한다.)

손님,
KSML을 주문하신 ○○○ 승객이십니까?
식사 준비를 위해 개봉하고 데워도 되겠습니까?
감사합니다.

Excuse me,
did you request Kosher Meal?
May I unwrap this meal box, and heat it up for you?
Thank you.

© ChameleonsEye / Shutterstock.com
© Borka Kiss / Shutterstock.com

Kosher Meal

## 2. 건강식

| 종류 | 설명 |
|---|---|
| LFML(Low Fat Meal)<br>저지방식 | • 저콜레스테롤, 저지방 기내식<br>• 관상심장질환, 고지혈증, 동맥경화증 환자를 위한 식사<br>• 음식 조리 시 기름에 튀기거나 볶는 대신 찌거나 굽는 방법 사용<br>• IATA : 지방 섭취량 100g당 3g 미만, 포화지방 섭취량 100g당 1.5g 미만으로 제한<br>– 콜레스테롤 함량이 높은 고지방 육류, 농축된 육수, 달걀 노른자, 갑각류, 어란, 가공치즈, 햄 및 베이컨류 제공 불가<br>– 필수 지방산 섭취를 위해 허용 범위 내의 올리브유, 옥수수유 등의 식물성 기름 사용<br>– 고섬유질 빵 및 시리얼, 과일 및 채소류 제공 |
| DBML(Diabetic Meal)<br>당뇨식 | • 열량, 단백질, 지방, 당질의 섭취량을 조절한 식사량 배분, 포화지방산의 섭취 제한 등 고려<br>– 저지방 유제품과 정제되지 않은 곡류가 함유된 빵, 쌀 및 시리얼 제품 제공<br>– 껍질을 제거한 가금류, 육류 살코기, 고섬유질 음식 제공 |
| LCML<br>(Low Calorie Meal)<br>저열량식 | • 다이어트 등의 이유로 열량을 400칼로리 미만으로 제한한 저지방, 고섬유식<br>• 튀기는 조리법 사용 불가<br>– 고지방 소스류, 오일 및 설탕 함유 음식, 디저트류 제공 불가<br>– 지방 함유 적은 육류, 저지방 유제품, 과일 및 채소류 등 제공<br>– 지방, 설탕은 조리 시 필요한 최소량을 기준으로 사용 |
| LPML<br>(Low Protein Meal)<br>저단백질식 | 육류, 달걀 및 유제품 등 단백질 식품을 제한하여 1일 단백질 섭취량이 40g 이하인 식사 |
| LSML(Low Salt Meal)<br>저염식 | • 간질환, 심장병, 신장병, 심혈관 및 염분이 제한된 식사를 원하는 승객을 위한 식사<br>• IATA : 염분 섭취량을 100g당 120mg 이하로 제한한 조절식<br>– 훈제류, 염장제품을 사용하지 않으며, 버터나 마가린은 무염 제품 사용<br>– 케첩, 머스터드와 같은 Ready Made 제품도 제한하나 재료 내의 염분량을 고려하여 허용 범위 내에서 사용 |

| 종류 | 설명 |
|---|---|
| BLML(Bland Meal)<br>유동식 | • 수술 후 회복 중인 승객이나 위장장애가 있는 승객을 위한 기내식으로 일반적으로 죽을 제공<br>– 강한 향신료, 가스를 유발하는 야채 및 기름기 많은 음식 제한<br>– 저지방 육류 및 흰살 생선 제공<br>– 카페인 함유 음료 제한 |
| GFML<br>(Gluten Intolerant Meal)<br>글루텐 제한식 | • 식재료 내의 글루텐 함유를 엄격히 제한한 기내식<br>– 글루텐 함량이 높은 보리, 밀, 호밀, 맥아, 귀리, 견과류 등은 제공 불가<br>– 쌀이나 감자, 고구마, 옥수수, 콩 등의 재료 사용<br>– 두유 및 유제품 제공 가능, 과일, 채소, 육류, 생선, 가금류 제공 |
| NLML<br>(Low Lactose Meal)<br>유당 제한식 | • 유당 제한식<br>• 우유 내에 함유된 유당 소화에 장애가 있는 승객을 위한 기내식<br>– 유당을 포함하고 있는 모든 형태의 유제품(우유, 크림, 분유 등)을 엄격하게 제한<br>– 우유, 요거트, 치즈, 아이스크림, 분유, 셔벗, 푸딩, 유제품 포함된 빵, 시리얼, 오믈렛, 크레페 등 계란 요리, 초콜릿, 카라멜류 제한<br>– 유제품 미포함된 육류 및 가금류, 채소류, 두유와 같은 콩 음료 제공 |

LFML

VGML

HNML

## 3. 야채식

| 종류 | 설명 |
|---|---|
| VGML<br>(Vegetarian Vegan Meal)<br>엄격한 서양 채식 | • 기내의 야채식 중 가장 엄격한 서양식 채식<br>• 생선류, 가금류를 포함한 모든 육류와 동물성 지방, 젤라틴 및 계란, 유제품을 포함하지 않는 엄격한 서양 채식<br>– 제공 가능 : 야채, 신선한 과일, 곡류, 콩류<br>– 제공 불가 : 모든 종류의 생선, 육류, 육가공품, 동물성 지방, 젤라틴, 유제품, 계란, 꿀 |
| VLML<br>(Vegetarian Lacto-Ovo Meal)<br>서양 채식 | • 계란, 유제품은 포함된 서양식 채식<br>– 제공 가능 : 유제품(우유, 치즈, 요거트), 계란, 콩, 야채, 신선한 과일<br>– 제공 불가 : 모든 종류의 생선, 육류, 육가공품, 동물성 지방, 젤라틴 |
| VJML<br>(Vegetarian Jain Meal)<br>엄격한 인도 채식 | • 제공 불가 : 모든 종류의 생선, 가금류, 육류, 해산물, 계란, 유제품, 마늘, 생강, 파, 감자, 당근, 양파, 무 등의 근채류 |

| 종류 | 설명 |
|---|---|
| VOML<br>(Vegetarian Oriental Meal)<br>동양 채식 | • 생선류, 가금류를 포함한 모든 육류와 계란, 유제품은 사용하지 않고, 양파, 마늘, 생강 등 뿌리채소 사용이 가능한 동양식 채식<br>– 제공 가능 : 야채, 신선한 과일<br>– 제공 불가 : 모든 종류의 생선, 가금류, 육류, 해산물, 계란, 유제품<br>– 주로 중국식으로 조리한 야채 제공 |
| AVML<br>(Vegetarian Hindu Meal)<br>인도 채식 | • 생선류, 가금류를 포함한 모든 육류와 계란을 사용하지 않고, 유제품은 사용 가능한 인도식 채식<br>– 제공 가능 : 유제품(우유, 치즈, 요거트), 콩류, 신선한 과일<br>– 제공 불가 : 모든 종류의 생선, 육류, 육가공품, 동물성 지방, 젤라틴, 계란 |
| RVML<br>(Raw Vegetarian Meal)<br>생야채식 | • 제공 가능 : 생야채, 생과일/생야채 주스, 유제품, 빵류<br>• 제공 불가 : 카페인 함유 음료, 보존료/첨가물, 가공식품 |

## 4. 영유아 및 아동식

| 종류 | 설명 |
|---|---|
| IFML(Infant Meal) : KE ONLY<br>영아식 | • 생후 12개월 미만(액상 분유, 아기용 주스)<br>– 완제품을 구매하여 제공 |
| BBML(Baby Meal)<br>유아식 | • 생후 12~24개월(이유식, 아기용 주스)<br>– 완제품을 구매하여 제공<br>– 재료를 삶아서 갈아 놓은 음식 형태 |
| CHML(Child Meal)<br>아동식 | • 만 2~12세<br>– 햄버거, 치킨너겟, 스파게티, 오므라이스, 샌드위치, 돈까스 등 |
| ICML(Infant/Child Meal) : KE ONLY<br>유아용 아동식 | • 생후 24개월 미만의 유아를 위한 식사<br>• 신체발육이 빨라서 어린이용 식사를 할 수 있는 경우에 제공(식사 구성은 CHML과 동일) |

## 5. 기타 스페셜 밀

| 종류 | 설명 |
|---|---|
| SFML(Seafood Meal)<br>해산물식 | 생선 및 해산물을 주재료로 하여 곡류, 야채류, 과일류 제공 |
| FPML(Fruit Platter Meal)<br>과일식 | 첨가물과 보존료가 제외된 과일로만 구성된 기내식 |
| SPMA(Anniversary)<br>기념 케이크 | 기념일, 생일 케이크 |

## 6. 스페셜 밀의 점검 및 대처 요령

### 1) 점검 요령

- 승객 탑승 전 SSR을 확인하여 스페셜 밀의 종류 및 수량을 파악한다.
- 탑재된 스페셜 밀을 확인하고 SSR과 비교하여 종류 및 수량이 일치하는지 점검한다. 만약 일치하지 않는 경우, 케이터링 담당자 및 사무장에게 보고하여 SSR과 일치하게 탑재되도록 조치한다.
- SSR과 일치하더라도 사무장에게 이상 없음을 보고한다.

### 2) 주문 승객 응대 요령

- 승객 탑승 후, 해당 승객에게 스페셜 밀 주문 사실을 확인하고, 스페셜 밀 스티커에 승객의 좌석 번호, 이름, 스페셜 밀 종류를 적어, 승객의 좌석머리 받침대(Head Seat Cover)와 스페셜 밀 Tray에 스티커를 부착한다. 더불어 전달 오류 방지를 위해 자리를 옮겨 앉지 않도록 안내한다.
- 승객에게 제공 전, 다시 한 번 스페셜 밀 주문 여부를 확인하고 서비스한다.
- 스페셜 밀은 일반 기내식보다 먼저 제공하며, 음료와 와인을 함께 제공한다.

### 3) 미탑재 시 대처 요령

- 승객이 주문한 스페셜 밀이 탑재되지 않았을 경우 담당 승무원은 승객에게 정중히 사과드리고, 사무장에게 보고하여 추후 다시 사과하도록 한다. 그리고 승객의 양해를 구하고 가장 비슷한 대체식을 제공하며, 중간 기착지에서 환승할 경우 사전에 연락하여 다음 구간에서 정확히 탑재하도록 한다.
- 객실 승무원의 실수로 일반 승객에게 스페셜 밀이 오전달되었을 경우, 승객이 취식 전이라면 사과와 함께 스페셜 밀을 즉각 회수하고 일반식으로 제공한다. 이때 빼앗는 느낌이 들지 않도록 정중히 행동한다. 또 승객이 보는 앞에서 원래 주문한 스페셜 밀 승객에게 재전달하지 않도록 한다.
- 권유 가능한 대체식으로 준비하되 객실 승무원이 임의로 조리 및 가공하지 않는다.

# 04

# 특별 서비스 설비

## Special Service Facilities

### 수행 준거

- 객실 서비스 규정에 따라 승객 탑승 전, 해당 승객의 특별 서비스 용품이 탑재되어 있는지를 점검하고, 조치할 수 있다.
- 고객 서비스 규정에 따라 승객 탑승 후, 해당 승객의 특별 서비스 요청사항 외 추가 요청사항이 없는지를 확인하고, 조치할 수 있다.

특별 서비스 설비에는 기내에서 사용할 수 있는 용품도 포함된다. 휠체어, 아기요람, 아기 안전의자, 의료용 들것, 의료용 산소통 등이며, 승객 탑승 전후 SSR을 통해 해당 승객을 확인한다.

공항에 대기 중인 휠체어

## 1. 휠체어

휠체어가 필요한 승객은 공항 및 기내에서 휠체어 사용이 가능하다. 기내에서 사용하는 휠체어(On Board Wheelchair)는 기내 복도를 지나갈 수 있을 정도의 폭으로 제작되었으며 미주행 항공편에서는 항상 탑재된다.

지상 직원이 휠체어를 미는 모습

## 2. 아기요람(Bassinet)

아기요람은 항공기 출발 전에 사전예약으로 이용할 수 있으며, 대한항공은 항공기 출발 48시간 전에, 아시아나항공은 항공기 출발 72시간 전에 예약해야 한다. 또 해당 대상자가 항공사마다 상이하여, 대한항공은 신장 75cm 이하, 몸무게 11kg 이하의 아기, 아시아나항공은 신장 76cm 이하, 몸무게 14kg 미만을 충족하는 아기에게 사용 가능하다.

승객 맨 앞쪽 좌석(Bulk Seat) 벽에 부착해 있으며, 수량이 한정되어 있으므로 SSR을 통해 개수를 확인한다.

## 3. 아기 안전의자(Baby Seat)

좌석 점유 소아 항공권을 구매한 유아 고객을 대상으로 아기전용 의자를 제공한다. 자동차에서 사용하는 카시트(Car Seat)와 비슷한 개념으로 보면 된다. 안전상의 이유로 통로 측과 비상구 좌석에는 장착이 불가하다.

## 4. 의료용 침대(Stretcher)

신체, 건강 등의 이유로 기내에서 앉은 자세로 여행할 수 없는 승객을 대상으로 의료용 침대를 제공한다. 의료용 침대는 일반석 6개를 접어서 설치하며, 프라이버시를 위해 커튼을 설치한다. 현지에서 승객 탑승 전 준비하는 것이 원칙이나, 왕복편 좌석에 여유가 있고 현지 공항시설이 열악한 경우 인천공항 출발 시

아기요람

아기 안전의자

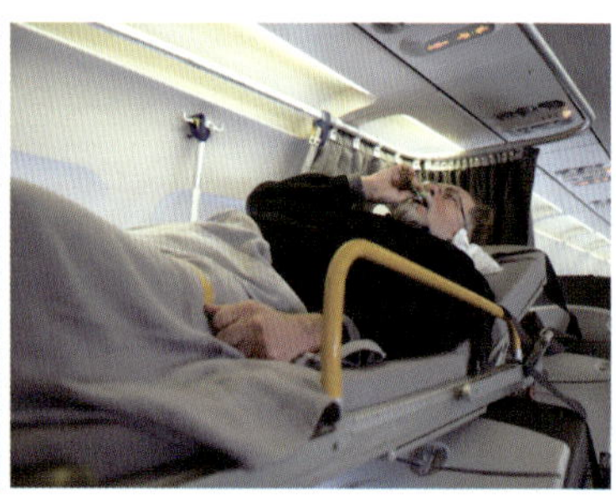
기내에 탑승한 스트레처 환자 승객

준비할 수도 있다.

환자가 항공기 진행 방향으로 머리를 두어 눕도록 하고, 4점식 벨트로 이착륙 시 환자를 단단히 고정한다. 의료인이나 보호자가 반드시 동반해야 한다.

## 5. 의료용 산소통

심한 빈혈 환자, 최근 수술을 받은 환자, 심혈관계, 호흡기계 질환을 가진 승객의 경우에는 기내에서 산소 공급이 필요할 수 있다. 사전예약으로 이용할 수 있으며, 의료용 산소통을 사용하는 승객은 비상구와 Bulkhead Seat, 다른 승객의 비상구와 통로 보행을 방해하는 좌석에는 착석할 수 없다.

의료용 산소통은 분당 2~8리터까지 산소 공급이 가능하며 객실 승무원은 승객 탑승 전 탑재된 의료용 산소 장비와 마스크를 연결하고 탑재된 의료용 산소통의 상태(충전상태 등)를 점검한다.

## 6. 특별 서비스의 점검 및 대처 요령

### 1) 점검 요령

- SSR를 활용하여 특별 서비스 대상 승객이 있는지 확인한다.
- 그 내용에 맞는 특별식이 탑재되었는지 확인하고 수량이 SSR의 수량과 일치하는지 점검한다.
- 케이터링 매니저와 함께 특별식의 종류와 개수를 상호 표시한다.
- 특별식의 종류나 수량을 점검하고 이를 사무장에게 보고한다.
- 특별 서비스 대상(비동반 소아, 휠체어 승객)은 미리 좌석 번호를 기내 특이사항 리스트에 기입하고 해당 승무원들에게도 모두 알린다.

### 2) 이상 발견 시 대처 요령

- 해당 내용을 각 클래스 서비스를 관장하는 승무원에게 보고한다.
- 이를 전달받은 객실 사무장(Cabin Manager)은 항공사 케이터링에게 전달하여 적절한 조치가 이루어지도록 한다.
- 서비스 용품이 탑재되지 않았거나 품질 상태에 이상이 있는지 확인하고, 이

상이 있을 때에는 보고를 통해 정상적인 용품이 탑재되도록 조치한다.

### 3) 승객 탑승 전 준비사항 정리

| 순서 | | 준비사항 |
|---|---|---|
| 승무원 항공기 탑승 | | |
| 승무원 짐 정리 | | 승무원은 항공기에 탑승하면 바로 자신의 짐을 Overhead Bin 및 도어가 장착된 코트룸, 승객 좌석 맨 뒤 구역의 하단 등에 보관한다. |
| 비행 전 점검 | 자신의 담당구역 비상, 보안 장비 점검 | 비상, 보안 장비의 위치, 작동법 이상 유무 확인 |
| | 객실 내부 시설물 상태 점검 | 화장실, 승객 좌석, 승객 좌석 주머니, 코트룸, Overhead Bin, 벙크(Bunk), AVOD(Audio Video On Demand), 기내 조명, 기내 음악, 기내 온도 등 |
| | 갤리 내 시설물 점검 | 오븐, 커피 메이커, 워머, 냉장고, 쓰레기통 등 |
| | 서비스 용품 탑재 점검 | 기내식, Dry Item, 헤드폰, 타월, 서비스 기물, 입국 서류, 신문, 잡지 등 |
| 서비스 용품 배열 | | 화장실 용품, 신문, 잡지 배열 |
| 운항 관련 서류 확인 | | Ship Pouch |
| 이상 유무 사무장에게 보고 | | |
| 승객 탑승 준비 | | 전 승무원은 담당구역에 나와 승객 맞을 준비 |
| Boarding Music ON | | |

# 잠깐! 점검해 볼까요?

## 02
**SSR 특별 서비스 코드**

1. SSR 코드의 의미를 쓰시오.
   ① BLND
   ② DEAF
   ③ INAD
   ④ WCHR
   ⑤ STCR

## 03
**스페셜 밀**

1. 스페셜 밀의 3 Letter Code를 쓰시오.
   ① 힌두교식
   ② 회교도식
   ③ 유대교식
   ④ 당뇨식
   ⑤ 엄격한 서양 채식
   ⑥ 아동식

## 04
**특별 서비스 설비**

1. 특별 서비스 점검 요령을 쓰시오.

2. 특별 서비스 점검 후 이상이 있을 때 조치 요령을 쓰시오.

3. 특별 서비스 설비에는 어떤 것이 있는지 쓰시오.

# 승객 탑승 및 이륙 전 서비스

## Cabin Service Before Boarding/Take-off



# PART 2

# 탑승 위치 대기하기
## Standby at Door Side

01 항공기 구조 이해(Aircraft Structure)

02 대기 자세(Standby Posture)

03 승객 환영 인사 및 눈높이 자세
(Greeting Passengers and Eye Contact in Communications)

4

# 01
# 항공기 구조 이해
## Aircraft Structure



항공기는 항공기 규모에 따라 대형기, 중형기, 소형기로 나뉜다. 쉽게 이해하기 위해 복도의 개수로 구분할 수 있는데 대형기와 중형기는 복도(Aisle)가 두 개, 소형기는 한 개로 이루어져 있다. 대표적인 대형기로는 A380, B787, B747, B777 등이 있으며, 중형기로는 A350, A330, A320, A300, 소형기로는 B737, CS300 등이 있다.

승객의 탑승을 돕기 위해, 승무원이 객실에 대기 시에는 각 담당구역에 위치하게 되는데, 이를 위해서는 Zone(구역)과 복도의 개념을 이해할 필요가 있다.

객실의 맨 앞쪽부터 'A' ZONE, 'B' ZONE, 'C' ZONE, 'D' ZONE 등으로 구분되며, 보통은 일등석(First Class)이 'A' ZONE, 비즈니스석(Business Class)이 'B' ZONE, 일반석(Economy Class)이 'C' ZONE부터 시작된다.

또 객실 맨 앞을 바라본 자세에서 항공기 왼쪽은 'L' Side, 항공기 오른쪽은 'R' Side라고 부르며, 이를 기준으로 항공기 Door(도어)의 넘버가 정해진다. 예를 들어 L Side 맨 앞의 Door를 L1 Door(엘 원 도어), R Side 맨 앞의 Door를 R1 Door(알 원 도어)라고 한다.

승객 탑승 시 승무원은 본인의 담당구역의 비상구 앞에서 승객맞이를 위한 대기 자세를 취한다.

## 1. 대형기 B747-400

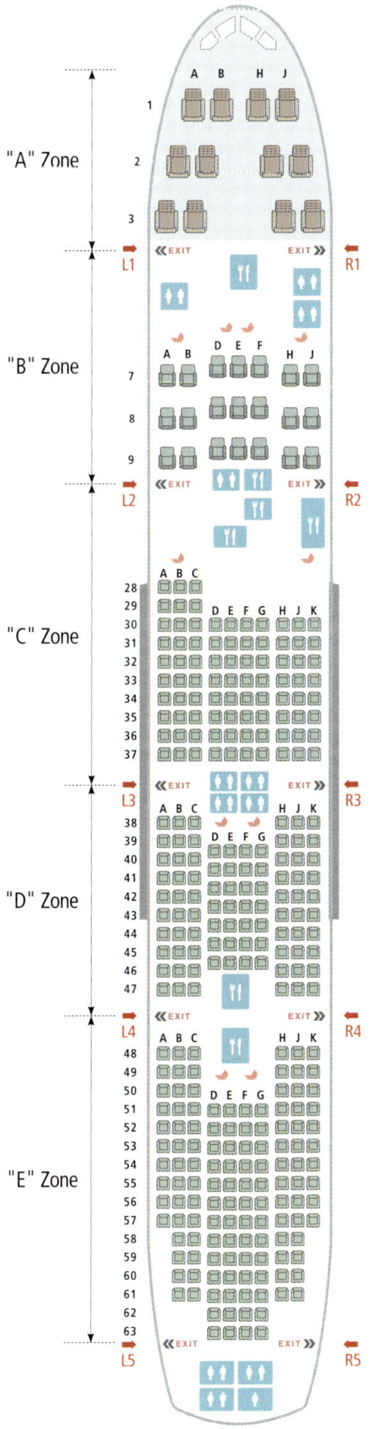


1층(Main Deck)

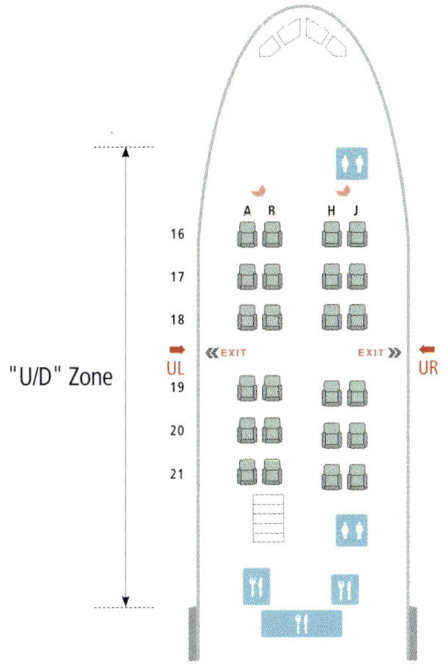


2층(Upper Deck)

## 2. 중형기 A330-200/300

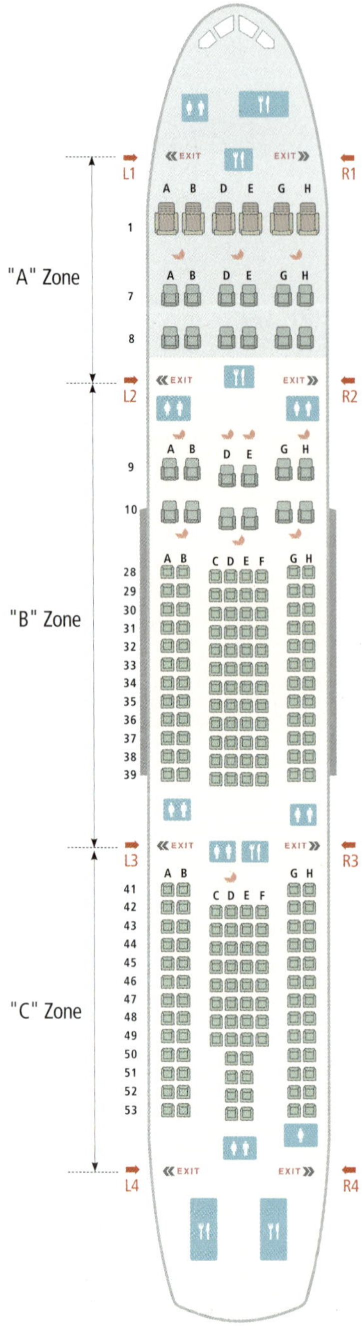


## 3. 소형기 B737-900

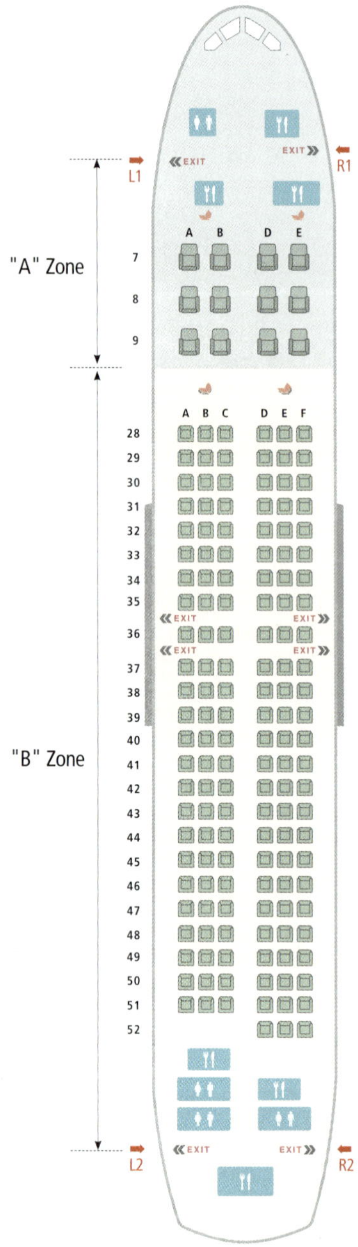

# 02

# 대기 자세

## Standby Posture

### 수행 준거

- 객실 서비스 규정에 따라 승객의 항공기 탑승 전, 각자에게 부여된 임무를 수행하기 위해 해당 근무지역에서 탑승을 위해 대기할 수 있다.
- 객실 서비스 규정에 따라 승객 탑승 시 대기 자세를 취할 수 있다.

승객 탑승은 기내 서비스가 시작되는 중요한 시점이라고 할 수 있다. 승객 탑승 시점에 승무원이 좋은 첫인상을 승객에게 준다면 승객은 그날의 항공여행에 전반적인 긍정적 기대를 갖게 되고, 이는 더 나아가 승무원 개인만이 아니라 항공사의 이미지 향상에도 영향을 미칠 수 있다. 그러므로 승무원은 승객 탑승 전에 용모, 복장을 다시 한 번 점검하고, 단정한 용모와 밝은 표정 및 바른 자세로 승객을 맞아야 한다.

탑승구에서 대기 중인 승무원

첫인상의 중요성

항공사에서는 승무원의 용모, 복장에 관한 규정을 두고 있으며, 승무원은 이를 엄격히 준수해야 한다. 최근 항공사마다 용모, 복장에 관한 규정이 다소 완화되고 있는 추세이기는 하나, 서비스인의 단정하고 세련된 용모, 복장, 자세는 승객에게 신뢰를 줄 수 있는 가장 큰 무기임을 잊지 말아야 한다.

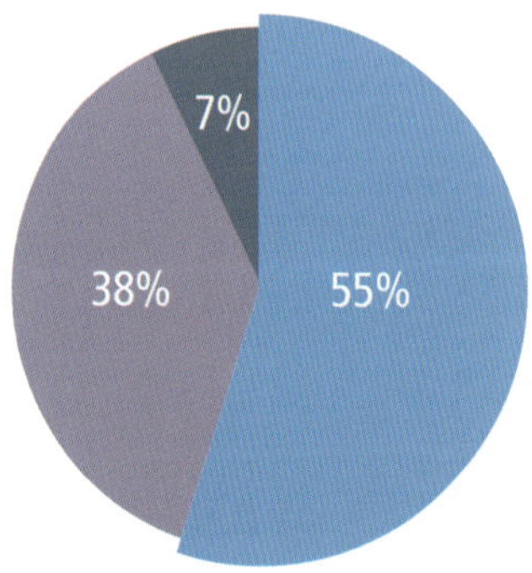

나 자신의 첫인상과 회사의 첫인상을
결정짓는 매우 중요한 요소

시각적 이미지 : 55%(표정, 복장, 자세, 헤어스타일, 화장, 걸음걸이 등) ➡ 승무원의 바른 자세 및 용모, 복장
청각적 이미지 : 38%(음성, 목소리) ➡ 승무원의 밝고 기분 좋은 목소리
단어 : 7%

메라비안 차트에서 보여 주는 첫인상을 결정짓는 주요한 요소

## 1. 객실 승무원의 복장

유니폼은 한 개인의 이미지이자 개인이 속한 조직의 이미지를 형성하므로 통일성이 중요하다. 또 직업에 대한 긍지와 명예의 상징이므로 품위 있게 바른 복장을 갖추는 것이 중요하다.

유니폼을 착용할 때 유의할 사항은 다음과 같다.

- 유니폼은 항상 청결하고 단정하게 입는다.
- 유니폼은 다림질하여 착용한다.
- 유니폼은 항상 완전한 상태로 착용한다.
- 유니폼을 임의로 변경하여 착용하거나 형태를 변형해서는 안 된다.
- 규정에서 허용하는 부착물 이외의 사적인 부착물은 패용하지 않는다.
- 유니폼의 청결 유지를 위해 반드시 자주 세탁한다.
- 드라이 클리닝을 기본으로 하되, 물세탁을 해야 할 경우 다림질에 유의한다.

© Dmitry Birin / Shutterstock.com

© Dmitry Birin / Shutterstock.com

© Sorbis / Shutterstock.com

© Sorbis / Shutterstock.com

## 2. 유니폼 착용 시 점검사항

### 1) 여 승무원

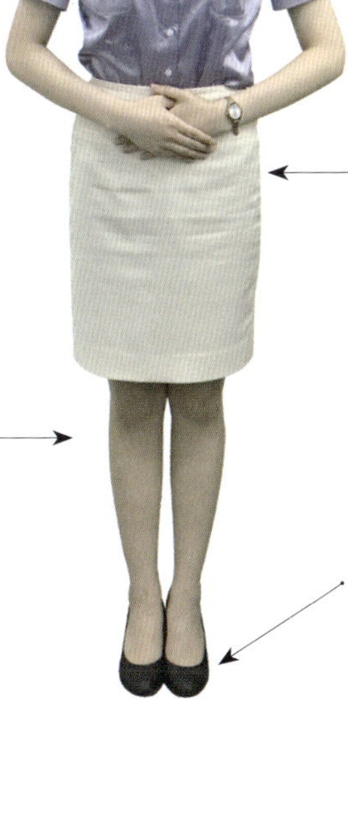

**블라우스**
- 다림질 상태 확인
- 스킨색이나 흰색 내의 착용
- 깃에 화장품이 묻지 않도록 주의

**자켓**
- 다림질 상태 확인
- 단추를 끼워서 착용
- 이름표, 윙 등의 부착물 패용

**스타킹**
- 반드시 착용
- 지정 색상 착용
- 여분의 스타킹 지참

**리본, 스카프**
- 규정에 맞게 매기
- 다림질 상태 확인

**스커트**
- 다림질 상태 확인
- 길이는 무릎선 유지
- 너무 타이트하게 입지 않기

**구두**
- 잘 닦아서 깨끗함 유지
- 정기적으로 굽 교체

## 2) 남 승무원

## 3. 메이크업

승무원의 얼굴은 승객에게 편안하고 따뜻한 이미지를 줄 수 있어야 하므로 지나치게 유행에 치우친 화장이나 진한 화장, 화장끼가 거의 없는 화장을 피하고 따뜻하고 편안한 분위기를 연출하는 화장법을 연습해야 한다.

기내가 건조하기 때문에 수분감 있는 기초화장을 하고, 승객 탑승 전, 식사 후, 승무원 휴식(Rest) 후 등에 화장을 수정하여 항상 단정한 모습을 유지하도록 한다.

**메이크업 단계**

세안 → 스킨, 로션 → 메이크업 베이스 → 파운데이션 → 파우더 → 눈썹 그리기 → 아이섀도 → 아이라인 그리기 → 마스카라 → 립스틱 → 블러셔

## 1) 피부 화장

### 메이크업 베이스

- 피부색을 조절하는 기능으로 피부의 결점을 보완하며, 파운데이션, 쿠션 등의 밀착감 및 지속력을 향상시킨다.
- 피부 속 수분 증발을 막아 준다.
- 파운데이션이 피부에 주는 부담감이나 손상을 막아 준다.
- 메이크업 후 번들거림을 방지한다.

**메이크업 베이스 컬러별 차이**

- **그린** : 동양인에게 가장 적합한 색상으로 붉은 피부, 잡티 피부 등에 효과적이다.
- **베이지** : 자연스러운 피부톤을 표현하는 데 적합하다.
- **핑크, 보라** : 다소 창백해 보이는 피부를 혈색 있게 표현할 때 효과적이다.

### 파운데이션, 쿠션

- 피부의 결점을 보완하여 정돈된 이미지 및 아름다운 피부색을 연출한다.
- 외부의 자극 및 자외선 차단을 통해 노화를 방지한다.
- 특히 객실 승무원은 자연스러운 메이크업이 강조되므로, 자신의 피부톤에 맞는 파운데이션을 사용하여 화장 후 얼굴색과 목(Neck)색의 경계가 드러나지 않도록 주의한다.
- 쿠션은 콤팩트 타입으로 손쉽게 연출 가능하며, 사용 후 파우더 사용이 필요 없다.

**파운데이션 종류**

- 리퀴드형(Liquid Foundation) : 묽은 타입으로 피부에 얇게 발라지고 투명한 피부를 연출할 수 있다.
- 크림형(Cream Foundation) : 커버력이 좋아 결점을 보완하는 데 효과적이다.

### 파우더

- 파운데이션 사용 후 번들거림을 방지한다.
- 땀과 피지 억제로 메이크업의 지속성을 높인다.
- 너무 많은 양을 바르지 않는다.

## 2) 눈 및 입술 화장

### 눈썹

- 눈썹은 인상을 결정짓는 중요한 요소이다.
- 머리카락 색과 비슷한 계열의 색상을 선택한다.

**눈썹 그리는 방법**

- 콧볼을 중심으로 잡고 수직으로 쭉 올라갔을 때 만나는 눈썹 앞머리에서 시작한다. (A)
- 콧볼에서 눈동자의 한쪽 끝으로 연결했을 때 만나는 부분(대략 눈의 2/3지점)을 눈썹 산으로 그린다. (B)
- 눈꼬리 끝까지 연결한 부분은 눈썹꼬리가 된다. (C)
- 눈썹 앞머리와 눈썹꼬리가 일자가 되게 그린다. (D)

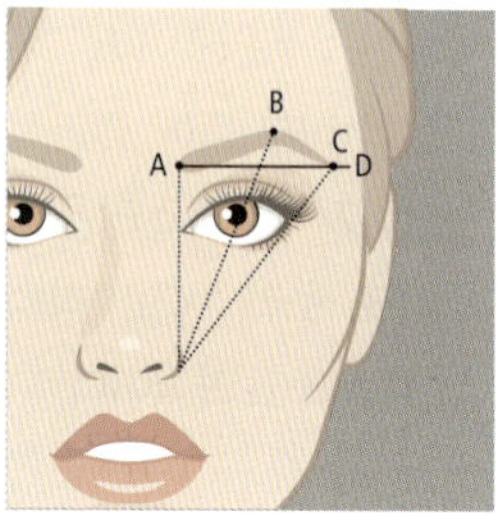


### 아이섀도

- 아이섀도는 유니폼과 어울리는 색상으로 선택한다.
- 검정과 같은 너무 어두운 색상은 사용하지 않는다.
- 브러시에 섀도를 묻혀 손등에서 색상과 양을 조절한 다음 바른다.
- 강조하고 싶은 부분은 한 번에 바르지 말고 소량을 여러 번 나누어 덧발라야 자연스럽다.
- 색과 색 사이에 경계가 생기지 않도록 잘 펴 바른다.

**아이섀도 관련 용어**

- **베이스(Base)** : 눈두덩이 전체에 펴 발라 색상을 고루 보정해 주며 색상계열 중 가장 옅은 색이다.
- **그라데이션(Gradation)** : 눈 화장 분위기를 좌우하는 중심 색상으로 눈을 감았을 때 눈

동자가 만져지는 부분에 뭉치지 않게 바른다.
- **포인트(Point)** : 색상계열 중 가장 진한 색으로 눈 끝 부분에 살짝 칠한 후 잘 펴 준다.
- **하이라이트(Highlight)** : 아주 밝은 색으로 눈썹 뼈 부분에 펴 바른다.

### 아이라인

- 속눈썹 사이사이를 메꾸듯이 그린다.
- 눈이 크고 또렷해 보이는 효과가 있다.

**아이라이너 종류 및 그리는 방법**

아이라이너 종류
- **펜슬 타입(Pencil Type)** : 부드럽고 자연스럽게 그려져 초보자에게 적합하다.
- **리퀴드 타입(Liquid Type)** : 지속성이 좋으며 가늘게 그려진다.

아이라이너 그리는 방법
- 눈시울 중앙에서 눈꼬리를 향해 그리기 시작한다.
- 눈시울 중앙에서 눈머리를 향해 그린다.
- 팁(Tip)에 섀도를 묻혀 아랫눈시울의 3/1까지 선을 그린다.

### 마스카라

- 검은색 마스카라를 사용한다.
- 본래의 눈썹 색이 도드라지지 않도록 세심하게 바른다.

**마스카라 사용법**

- 마스카라가 잘 발라지지 않는 부분은 브러시를 세워서 바르면 좋다.
- 뭉침을 막고 자연스럽게 연출하기 위해 속눈썹이 반 정도 말랐을 때 브러시로 빗어 준다.
- 마스카라가 다 마른 뒤 퍼프로 눈 주위의 마스카라 가루를 털어 낸다.

### 립스틱

- 생기 있는 얼굴을 연출하기 위해 너무 진한 빨간색이나 연한 누드색은 피한다.
- 입술 모양을 벗어나서 지나치게 늘리거나 줄여 바르는 것은 자연스럽지 못하다.
- 유니폼과 피부색에 어울리는 색상을 선택한다.
- 승객 탑승 대기 전, 지워지지 않았는지 한 번 더 립스틱 상태를 확인한다.

### 블러셔

- 메이크업의 마무리 단계이다.
- 블러셔는 혈색을 보정하여 화사함과 건강미를 준다.
- 섀도와 비슷한 계열의 색상으로 선택하고, 광대뼈에서 입 쪽으로 터치한다.
- 블러셔는 지나치게 짙거나 뭉치면 역효과가 나므로 경계선이 생기지 않도록 하며, 정면에서 보았을 때 눈동자 안으로 들어오지 않도록 한다.

#### 블러셔 위치와 얼굴형에 따른 터치 방법

블러셔 위치

- 눈동자 중심에서 아래쪽으로 수직선을 긋는다. (A)
- 코 끝에서 얼굴 바깥 쪽으로 수평선을 긋는다. (B)
- 볼터치는 두 선이 만나는 지점에서 (A)의 바깥쪽, (B)의 위쪽에 해 준다.

얼굴형에 따른 블러셔 터치 방법

- **둥근 형 :** 광대뼈의 위쪽에서 볼 안쪽으로 사선으로 쓸어내리면서 볼터치를 한다. 자칫 촌스럽게 보일 수 있으니 볼 중앙에 동그랗고 넓게 블러셔를 하는 것은 금물이다.
- **긴 형 :** 볼의 중앙 또는 광대뼈를 기준으로 양옆으로 볼터치를 한다. 안에서 바깥쪽으로 자연스럽게 블렌딩해서 얼굴이 좀 더 짧아 보이게 연출한다.
- **역삼각형 :** 광대뼈 약간 위쪽의 눈동자 바깥쪽부터 좁게 볼터치를 한다. 코끝을 향해 관자놀이에서 약간 내려서 표현하면 얼굴이 옆으로 넓어 보이는 것을 보완할 수 있다.
- **광대뼈 돌출형(각진 형) :** 지나치게 화려하고 짙은 색상을 사용하면 광대뼈가 더욱 도드라져 보일 수 있으니 안에서 바깥쪽으로 생기가 돌 정도로만 터치하고, 블러셔를 강조하는 메이크업은 피한다.
- **계란형 :** 어떤 형태의 블러셔든 잘 어울리므로 다양한 형태와 색상으로 메이크업해도 좋

다. 하지만 계란형 얼굴을 가장 잘 살려 주는 블러셔 방법은 웃을 때 가장 많이 튀어나오는 광대뼈 부분을 동그랗게 발라 주는 것이다.

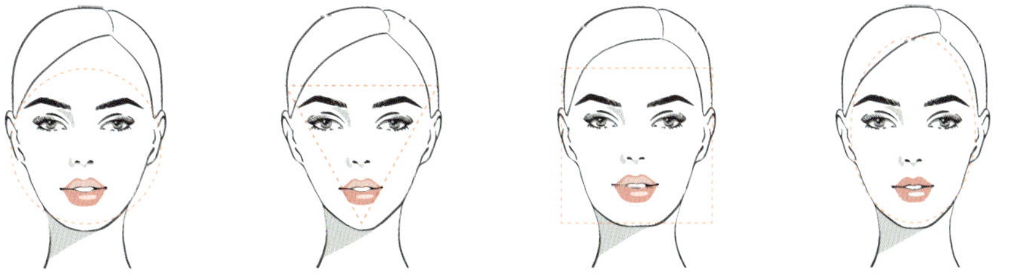

둥근 형　　역삼각형　　광대뼈 돌출형　　계란형

## 4. 머리 손질

- 머리를 항상 단정하게 하며, 파마나 지나친 염색은 정돈된 느낌이 들지 않으므로 지양한다.
- 긴 비행시간에도 단정함을 유지해야 한다.
- 유니폼 및 얼굴형과 조화를 이루어야 한다.

### 1) 여 승무원

- 긴 머리는 잔머리가 나오지 않도록 단정하게 묶는다.
- 단발머리는 헤어 드라이어로 차분하게 정돈한다. 이때 앞머리가 눈을 가리거나 눈 아래로 내려오지 않도록 스프레이로 고정한다.

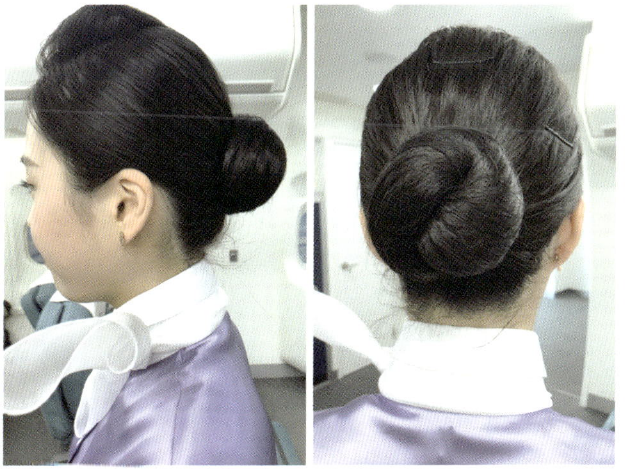

### 2) 남 승무원

- 파마, 긴 머리, 단발머리 등의 머리 모양은 바람직하지 않다.
- 앞머리가 흘러내리지 않도록 머릿결에 따라 왁스, 젤 등으로 고정한다. 하지만 지나치게 반짝거릴 정도로 바르는 것은 보는 이에게 부담을 줄 수 있다.
- 옆머리는 귀를 덮지 않아야 하고, 뒷머리는 셔츠 깃의 상단에 닿지 않도록 하는 것이 단정해 보인다.

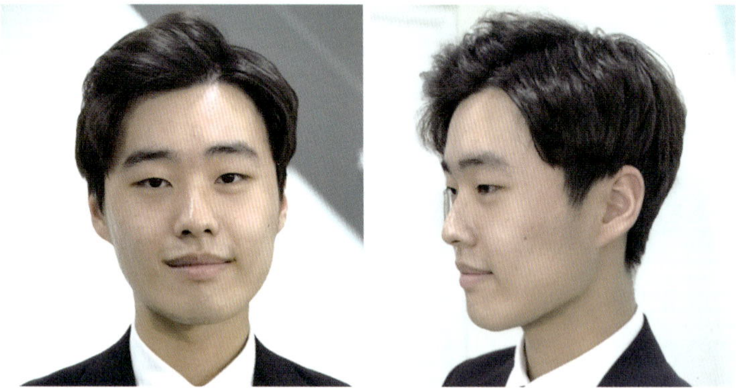

## 5. 손톱 관리

객실 승무원의 손은 제2의 얼굴이라 할 만큼 승객에게 자주 노출된다. 또 음식을 다루고 승객의 요구에 맞는 여러 가지 서비스를 제공하기 때문에 청결하고 위생적인 손톱 관리가 필요하다. 너무 길거나 매니큐어가 벗겨진 손톱은 불결해 보이므로 항상 깨끗하고 아름답게 손톱을 관리한다.

**손톱 바르는 순서**

1. 베이스코트를 손톱 중앙부터 바르고 좌우 바깥쪽까지 발라 손톱을 보호해 준다.
2. 매니큐어를 손톱 전체에 발라 준다. 이때 브러시를 세워서 그림의 순서대로 바른다.
3. 마지막 단계에서 탑코트를 발라 준다. 매니큐어와 동일한 방법으로 세 번 정도 덧바른다.

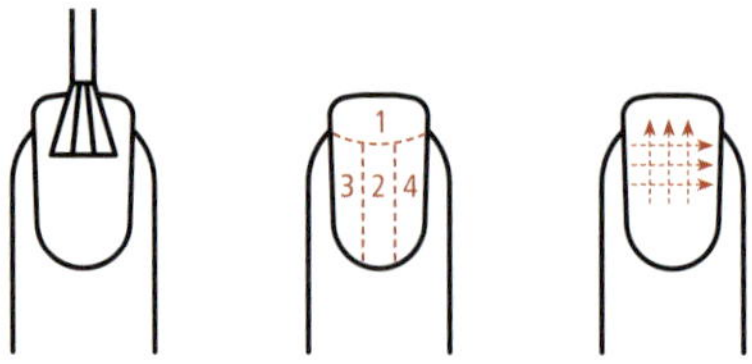

## 6. 대기 자세

승객 탑승은 일반적으로 국제선은 비행기 출발 30분 전, 국내선은 15분 전에 실시한다. 승무원은 자신의 담당구역으로 나와서 일명 '공수자세'라고 불리는 대기 자세를 취한다.

- 발뒤꿈치를 붙이고 두 발끝을 남성은 30도 정도, 여성은 15도 정도 벌리고 선다.
- 무릎이 벌어지지 않도록 바르게 선다.
- 허리를 펴고 아랫배를 들어가게 하여 가슴을 쫙 편다.
- 턱은 살짝 당겨 바르게 하며 시선은 앞을 향한다.
- 손은 남성은 차렷 자세로 팔을 내려 달걀을 쥔 듯이 자연스럽게 모으고, 여성은 오른손이 왼손 위로 오도록 하여 두 손을 배 앞쪽으로 모은다.
- 엄지로 깍지를 끼워 손가락이 벌어지지 않도록 모으고 손끝을 살짝 말아 쥔다.
- 손의 위치가 위나 아래로 너무 치우쳐도 부자연스러우므로 엄지손가락이 배꼽의 약간 아래에 오도록 한다.
- 승객 가시권 내에서 뒷짐을 지거나 의자, 벽, 카트, 기둥 등에 기대지 않으며, 승객의 호출이나 요구에 즉시 응대할 수 있도록 담당구역을 비우지 않는다.

## 7. 호감을 주는 표정 관리

메라비안 차트(60쪽 참고)에 의하면 첫인상을 결정짓는 요소 중 시각적인 요소가 55%인데 그중 가장 많은 비중을 차지하는 것이 표정이다. 그러므로 고객 응대 시에는 언제나 밝은 표정을 유지하는 것이 중요하다.

- 고객 응대를 시작할 때 가장 중요한 것은 첫 느낌이고, 첫인상을 좌우하는 핵심 요소는 미소이다.
- 미소는 눈과 입이 함께 웃어야 자연스럽다.
- 미소는 돈이 들지 않는 가장 고급스러운 치장이다.

© Sorbis / Shutterstock.com

© MediaProduction / iStock

- 개인적인 감정을 이기고, 프로 서비스맨으로서의 공적인 표정을 익힌다.
- 표정은 곧 마음의 메시지를 나타낸다.
- 돌아서는 등 자세를 바꿀 때에도 미소를 유지한다.

**표정 관리 포인트**

- 승객과의 시선의 각도가 완만하여 정면으로 응대하는가?
- 고개를 한쪽으로 기울이고 있지는 않은가?
- 건방진 느낌을 주지 않도록 턱의 위치에 주의하는가?
- 늘 상황과 대상에 맞는 표정을 짓는가?

## 8. 승객 응대 요령

- 승객 응대는 정감 있는 눈빛과 밝은 미소로 한다.
- 용모, 복장은 항상 청결하고 단정히 한다.
- 항공 서비스 업무 지식을 정확하게 숙지하여 올바른 정보를 제공한다.
- 알기 쉬운 용어와 기분 좋은 말씨로 응대한다.
- 승객과 시선이 마주치면 먼저 인사한다.
- 승객과의 약속은 반드시 지킨다.
- 승객의 요구사항을 미리 알아차려 서비스할 수 있도록 항상 관심을 기울인다.
- 승객과 논쟁하지 않는다.
- 근무 중 동료와 승객의 험담을 하지 않는다.
- 승객의 요구나 문의에 무관심한 태도를 보이지 않으며, 적극적으로 응대한다.

# 03

# 승객 환영 인사 및 눈높이 자세

## Greeting Passengers and Eye Contact in Communications

**수행 준거**

- 객실 서비스 규정에 따라 승객 탑승 시 밝은 표정으로 환영 인사를 할 수 있다.
- 객실 서비스 규정에 따라 탑승 승객에 따른 눈높이 서비스 자세를 취할 수 있다.

### 1. 승객 탑승

승객 탑승은 기내 청소 및 비상 · 보안 장비 점검, 기내 서비스 준비 완료 후, 항공사마다 상이하나 보통 국제선 30분 전, 국내선 15분 전에 실시한다. 승객 탑승은 '탑승 우선순위'에 따라 순차적으로 이루어진다.

| 1 | 2 | 3 | 4 | 5 | 6 | 7 |
|---|---|---|---|---|---|---|
| 스트레처 (Stretcher) 승객 | UM (비동반 소아), 휠체어 승객 | 노약자, 유아 동반 승객 | VIP, CIP | 일등석 승객 | 비즈니스석 승객 | 일반석 승객 |

기내 탑승 우선순위

© Patryk Kosmider / Shutterstock.com

© Stanislaw Tokarski / Shutterstock.com

## 2. 탑승 거절 승객

승객 탑승 중에 다음의 승객이 발견되는 경우 객실 사무장은 기장에게 통보하고, 운송 책임자와 협의하여 해당 승객의 탑승 여부를 결정한다.

- 항공기 및 승객의 안전을 저해하는 행동을 저지하는 승무원의 통제나 지시에 따르지 않는 승객
- 만취한 상태이거나 약물의 영향을 받는 것으로 보이는 승객
- 전염병을 앓고 있는 승객
- 정신적으로 불안정하여 타인을 위해할 우려가 있는 승객
- 타인에게 불쾌감을 주는 특성을 보이는 승객
- 보안 검색이나 신분 확인을 거부하는 승객
- '병약 승객 항공운송 신청서'에 의거하여 비행이 불가하다고 판단되거나, 의사의 진단서나 소견서를 소지하지 않은 중증 환자

## 3. 환영 인사

인사는 인간관계의 첫 신호이며, 반가움에 대한 마음가짐의 외적 표현이다. 또 존경심과 친절을 나타내는 형식이며, 호의를 전하고 호감을 사는 데 중요한 역할을 한다. 그러므로 환영 인사는 밝고 활기찬 목소리와 표정으로 하도록 한다. 환영 인사말은 상투적이고 반복적인 말보다는 날씨, 승객의 의상, 어린아이 칭찬 등 승객의 상황 및 여러 가지 소재를 활용하여 친근한 인사말을 하도록 노력한다.

항공기 탑승구에 위치하여 인사하는 승무원은 승객의 탑승권 날짜, 편명을 확인하고, 해당 좌석 방향으로 친절히 안내하며, 과대/과다한 수하물은 적극적으로 규제하여 화물칸으로 보내도록 안내한다.

© Komenton / Shutterstock.com

기내 안의 승무원은 자신의 담당구역 비상구 주변에서 밝게 환영 인사를 하고 수하물 보관 및 좌석 안내 등을 적극적으로 돕는다. 승객이 수하물을 옮겨 싣거나 복도에서 서성이는 등 시간을 끌면 뒤의 행렬이 밀려 탑승시간이 지연되므로 원활한 탑승을 위해 승무원은 적극적으로 좌석 안내 및 수하물 보관을 도와야 한다.

## 1) 인사 종류

- 목례 : 눈인사로 상체를 15도 정도 굽힌다(실내, 복도).
- 보통례 : 가상 일반적인 인사로 상체를 30도 정도 숙이고 그 자세를 2~3초 정도 유지한 후 고개를 든다.
- 정중례 : 상체를 45도 정도 숙이는 격식 있는 기본 인사법으로 큰 어른을 만났을 때, 엄숙한 장소, 감사, 사과, 맞이, 배웅 등을 할 때 사용한다.

## 2) 인사 방법

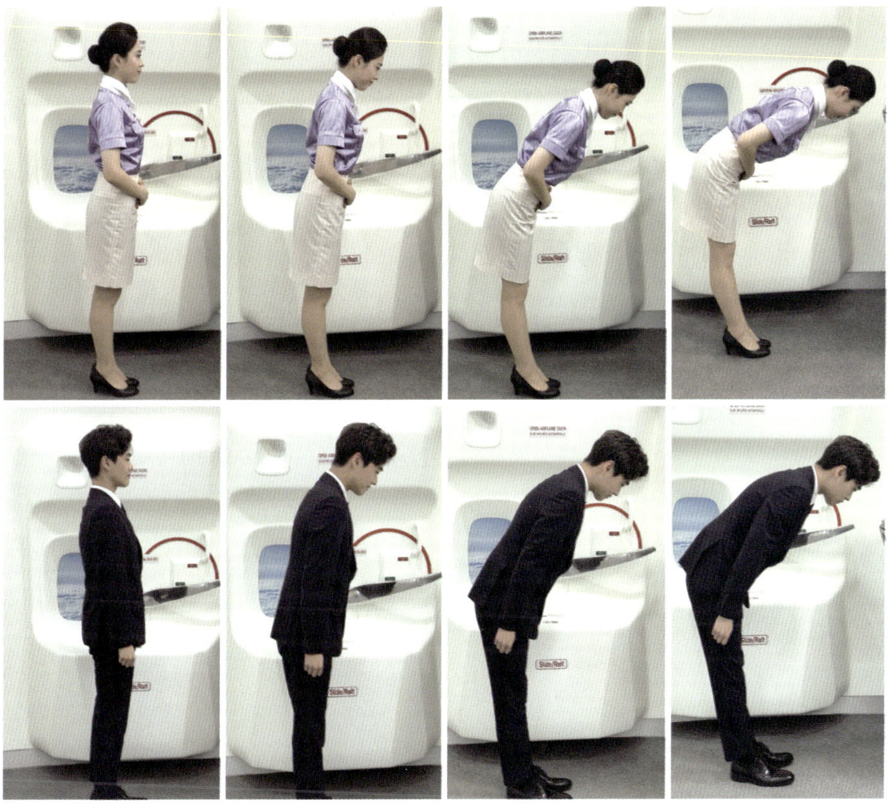

대기 자세 목례 보통례 정중례

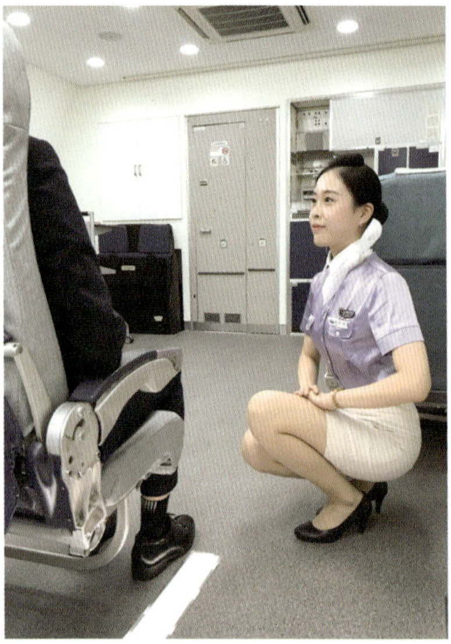

### 3) 눈높이 자세

승객과 눈높이를 맞춰 응대하는 자세로 승객과 장시간 대화를 나눠야 할 때, 승객에게 응대를 위해 먼저 다가가야 하는 경우(Personal Touch), 승객에게 사과할 때 사용한다. L Side 승객을 응대할 때는 왼쪽 다리를 세우고, R Side 승객을 응대할 때는 오른쪽 다리를 세우는 것이 바람직하다.

눈높이 자세를 취하는 방법은 다음과 같다.

- 대화가 길어지는 시점에 승객 앞에서 상체를 조금씩 숙이며 천천히 바닥을 향해 자세를 낮춘다.
- 바닥에 무릎을 대고 앉기 위해 몸을 낮추면서 스커트를 잡고 쓸어내리며 바닥에 무릎을 대고 앉는다.
- 이때 승객 응대 방향에 가까운 쪽의 무릎이 바닥에 닿아야 한다. 다른 쪽 무릎은 바닥에서 약간의 간격을 띄운다.
- 위치는 승객의 1열 앞 승객의 팔 받침대 옆쪽이 적당하며, 승객과 일정 간격을 유지하면서 대화한다.
- 대화할 때는 승객을 정면으로 마주보고 눈을 맞춘다.

출처: NCS 항공객실서비스 학습모듈 (http://www.ncs.go.kr)

이때 무릎이 바닥에 닿은 발의 구두가 벗겨져 뒤꿈치가 보이지 않도록 유의한다.

## 승객 탑승 시 기본 대화법

객실 승무원은 승객 탑승 시 환영 인사, 좌석 및 수하물 보관 안내 등을 적극적으로 실시하고 적절한 대화로 승객을 응대해야 한다. 다음의 대화 예시문을 참고하여 즐겁고 안전한 비행이 되도록 힘쓴다.

### 환영 인사 예시 / 탑승구 담당 승무원

- 안녕하십니까? 탑승권을 보여 주시겠습니까? 손님의 좌석은 뒤쪽입니다.
- 어서 오십시오. 좌석을 안내해 드리겠습니다. 이쪽으로 들어가십시오.
- 손님 좌석은 43A입니다. 안쪽으로 조금만 들어가시면 됩니다.
- 탑승을 진심으로 환영합니다. 손님의 좌석은 건너편 뒤쪽입니다. 안으로 들어가시면 다른 승무원이 안내해 드릴 겁니다.

### 좌석 안내 예시 / 기내 안 좌석 담당 승무원

- 제가 좌석까지 안내해 드리겠습니다. 손님의 좌석은 오른쪽 창가입니다. 편안한 여행 되십시오.
- 탑승권을 보여 주시겠습니까? 이쪽으로 오시겠습니까? 네. 여기 복도 쪽이 손님의 좌석입니다.
- 여행 중 필요한 일이 있으시면 언제든지 담당 승무원인 저를 불러 주십시오(호출 버튼을 눌러 주십시오).

### 수하물 보관 안내 예시

- 제가 도와드리겠습니다.
- 죄송하지만 짐은 앞좌석 아래에 보관해 주시겠습니까?
- 코트를 보관해 드리겠습니다. 착륙 직전 가져다 드리겠습니다.

### 유아 동반 승객 응대 예시

- 안녕하십니까? 아기가 참 예쁘네요.
- 필요한 유아용품이 있으시면 언제라도 말씀해 주십시오.
- 어서 오십시오. 짐은 제가 들어드리겠습니다. 손님의 좌석은 이쪽입니다.
- 아기요람은 안전을 위해 이륙 후 장착해 드리겠습니다.
- 유모차는 앞쪽 코트룸에 보관해 드리겠습니다. 내리시기 전에 제가 가져다 드리겠습니다.

# 잠깐! 점검해 볼까요?

## 01 항공기 구조 이해

1. 객실의 Zone 개념과 통로(Aisle) 개념을 이해하시오.

## 02 대기 자세

1. 남녀 특성에 맞게 대기 자세를 취해 보시오.

## 03
## 승객 환영 인사 및 눈높이 자세

1. 다양한 인사말로 환영 인사를 해 보시오.

2. 바른 눈높이 자세를 취해 보시오.
(L Side, R Side)

# 5 탑승권 재확인하기
## Reconfirmation of Boarding Pass

# 01

# 탑승권 이해

## What Is Boarding Pass?

수행 준거

객실 서비스 규정에 따라 승객의 출발 일시를 확인할 수 있다.

### 1. 탑승권

탑승권(Boarding Pass)은 배나 비행기, 차 등의 탈것에 탈 수 있음을 증명하는 일종의 좌석표이다. 항공권을 구입한 후 출발일에 공항의 항공사 카운터에서 좌석을 배정받고 짐을 부친 후(체크인 수속) 발급받게 되며 항공기에 탑승할 때 제출한다.

탑승권을 통해 항공사명, 탑승자 성명, 출발지, 도착지, 편명, 출발 일자, 출발 시간, 좌석 번호, 회원 카드 번호, 탑승 횟수, 마일리지 등의 정보를 알 수

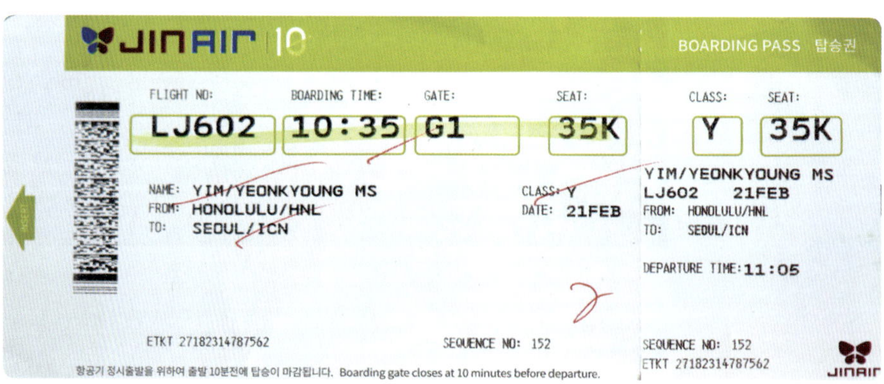


탑승권

있다.

과거에는 공항 카운터에서 발권해야 했으나, 2009년부터 집에서 웹사이트를 통해 탑승권을 출력하거나 휴대전화를 통해 구입한 모바일 탑승권을 이용해 항공사의 체크인 없이 탑승할 수 있게 되었다.

**항공권(E-Ticket)**

JINAIR

e-티켓 확인증 / e-Ticket Itinerary & Receipt

승객정보

승객성명(Passenger Name) : YIM/YEONKYOUNG MS

예약번호(Reservation No.) : D22LCB

항공권번호(Ticket No.) : 7182314787562

여정

| | | | | |
|---|---|---|---|---|
| 편명 Flight No. | LJ601 | | | |
| 출발 Departure | 서울/인천(ICN) | 13FEB19 | 19:55 | Terminal 1 |
| 도착 Arrival | 하와이, 호놀룰루(HNL) | 13FEB19 | 08:45 | Terminal 2 |
| 예약등급 Class | O2 | 항공권 유효기간 Ticket Validity | Not Valid Before | 13FEB19 |
| 예약상태 Status | HK(확약) | | Not Valid After | 13FEB19 |
| 운임 Fare Basis | O2K3PX1M | 무료 수하물 허용량 Free Baggage Allowance | | 2 Pcs |
| | | 좌석번호 Seat Number | | |
| 편명 Flight No. | LJ602 | | | |
| 출발 Departure | 하와이, 호놀룰루(HNL) | 21FEB19 | 11:05 | Terminal 2 |
| 도착 Arrival | 서울/인천(ICN) | 22FEB19 | 17:35 | Terminal 1 |
| 예약등급 Class | O2 | 항공권 유효기간 Ticket Validity | Not Valid Before | 21FEB19 |
| 예약상태 Status | HK(확약) | | Not Valid After | 21FEB19 |
| 운임 Fare Basis | O2K3PX1M | 무료 수하물 허용량 Free Baggage Allowance | | |
| | | 좌석번호 Seat Number | | |

항공권 운임 정보

| | |
|---|---|
| 운임계산 Fare Calculation | |
| 운임합계 Fare Amount | KRW 350,000 |
| 유류할증료 Fuel Surcharge | KRW 127,000 |

https://www.jinair.com/popup/receiptITR?receiptRQ=%7B%22pnrNo%22:%22D22F... 2019-02-11

항공권은 탑승권과 별개의 티켓이다. 항공권은 항공사나 여행사에서 받는 티켓, 항공 약관의 일부 예약자 유의사항, 예약 상황에 따라 매수를 달리하는 쿠폰으로 구성된 작은 책자이다.

항공권에 기재된 내용은 항공사 이름, 금액, 항공기 고유번호, 티켓 번호, 항공사 코드, 목적지, 경유지, 출발 시간, 편명, 허용가능한 수하물 용량, 티켓 만기일, 항공 클래스, 고객 성명, 출발일, 발권자 등이다.

쿠폰은 예약 구간마다 1장씩 주어진다. 서울에서 도쿄까지 왕복 예약을 할 경우 2장의 쿠폰이 주어지며, 여러 국가를 여행할 경우에는 매 편도구간 수만큼 쿠폰이 주어진다. 이런 해당 구간의 쿠폰은 공항에서 항공 수속(체크인 수속) 시 탑승권과 교환된다.

그러나 요즘은 전자항공권(E-Ticket)을 이용하는 추세이며, 온/오프라인으로 예매 결제 완료 후, 개인 이메일이나 팩스, 우편 등으로 전자항공권을 발급받을 수 있다.

## 2. 탑승권 종류

탑승권은 크게 네 종류로 나뉜다.

- 종이 탑승권
- 국내선 키오스크 발급 탑승권
- 모바일 탑승권
- 온라인 체크인 시 이메일로 받은 탑승권

© Getty Images Bank

© Getty Images Bank

모바일 탑승권

**온라인 체크인(Check In)**

출발 48시간 전부터 홈페이지나 모바일 앱을 통해 빠르게 사전 수속을 할 수 있는 시스템이다. 홈/모바일 탑승권 허용 공항에서는 사전에 발급받은 탑승권으로 바로 게이트로 갈 수 있다. 단, 항공권 결제가 완료된 전자항공권 소지 고객만 이용할 수 있다.

**탑승권에 표시된 SSSS 코드**

'2차 보안검색 대상'(Secondary Security Screening Selection)이라는 뜻이다. 미국 교통보안국(Transportation Security Administration)의 비행안전 프로그램의 일환으로 9.11 테러 이후 보안 검색을 강화하기 위해 시행되었다. 미국행 승객 중에서 무작위로 선발된 한 명의 승객은 일반 보안 검색을 마친 후 항공기에 탑승하기 전에 한 번 더 보안 검색을 받게 된다.

SSSS 코드

## 3. 탑승권 확인 방법

객실 승무원은 승객 탑승 시 항공기 비상구 앞에서 승객의 탑승권을 확인해야 한다. 승객은 탑승구(Gate) 앞에서 지상 직원에 의한 확인 절차를 이미 거쳤기 때문에 다소 번거로운 일일 수도 있으나, 승객이 항공기에 잘못 탑승하는 것을 미연에 방지하는 차원에서 반드시 꼼꼼히 확인해야 한다.

확인할 때는 날짜, 편명을 확인한 후 좌석 번호에 따라 좌석 방향을 안내한다. 또 사무장은 특정 탑승구에만 고정하여 머물러 있지 말고 승무원의 탑승권 확인/좌석 안내 업무를 관리, 감독한다.

- 승객 탑승 전 용모, 복장을 한 번 더 점검한다.
- 밝은 표정과 기분 좋은 음성, 승객과의 눈맞춤으로 승객을 맞이한다.
- 탑승권을 제시해 줄 것을 정중히 안내한다.
  "안녕하십니까? (어서 오십시오.)"
  "탑승권을 보여 주시겠습니까?"

"안전을 위해 탑승권을 확인하고 있습니다. 협조 부탁드립니다.(협조해 주셔서 감사합니다.)"

- 항공권의 편수 및 날짜를 확인한다.
- 좌석 번호를 확인한다. (승객의 좌석과 가까운 통로로 안내한다.)
  "좌석은 이쪽입니다.(이쪽으로 들어가십시오.)"

## 4. 탑승권 및 좌석 안내

탑승권 및 좌석 안내 시 행동 요령과 상황별 대처 요령은 각각 다음과 같다.

### 1) 탑승권 안내 시 행동 요령

- 밝은 표정과 함께 시선은 상대방의 눈과 항공권을 본다.
- 반드시 양손을 사용한다(한 손을 다른 한 손의 밑에 받쳐도 무방하다).
- 손가락을 가지런히 모은다.
- 항공권을 돌려줄 때도 눈을 맞춘다.

좌석 번호를 보고 승객의 좌석이 창가 쪽인지 복도 쪽인지 정확히 안내한다.

### 2) 좌석 안내 시 행동 요령

- 좌석 번호를 복창한다.
- 손가락을 모으고 손바닥 전체를 펴서 가리킨다.
- 손을 펴는 각도로 좌석과의 거리감을 표현한다.
- 시선은 상대의 눈에서 지시하는 방향으로 옮겼다가 다시 상대의 눈으로 돌아온다.
- 오른쪽을 가리킬 때에는 오른손을, 왼쪽을 가리킬 때에는 왼손을 사용한다.
- 사람을 가리킬 때에는 두 손을 사용한다.
- 뒤쪽에 있는 방향을 지시할 때에는 몸을 뒤로 젖혀 방향을 가리킨다.

### 3) 탑승권 안내 시 상황별 대처 요령

- 탑승권 제시를 거부하는 경우 : 항공 보안상의 이유로 탑승권 확인 후에 탑승이 가능함을 안내하고, 탑승권 확인 전까지 탑승을 제지한다.
- 지속적으로 제시를 거부하는 경우 : 해당 승객의 탑승을 제지하고, 운송 직원을 호출한다.

# 02

# 3 Letter Code 이해

## What Is 3-letter-code?

**수행 준거**

객실 서비스 규정에 따라 승객의 목적지를 파악할 수 있다.

국제항공운송협회(IATA)는 공항이나 세계 각국의 주요 도시들의 동일 이름 중복, 혼선 방지, 쉽고 간편한 식별을 위해 세 글자의 알파벳 코드를 부여하여 전 세계 항공사들이 공통으로 사용하도록 하고 있다. 이를 공항 코드, 도시 코드라고 하며, '3 Letter Code'(쓰리 레터 코드)라고도 한다.

승무원은 예약, 발권, 공항 분야에 널리 사용되는 3 Letter Code를 숙지해야 승객의 탑승권을 보고 목적지를 확인할 수 있다. 또 3 Letter Code는 항공권뿐만 아니라 승객의 위탁 수하물 태그에도 기재된다.

짐 태그

## 1. 도시 코드

기본적으로 도시 코드(City Code)는 영문 세 자리로 조합하는데, 예를 들어 서울은 'SEL', 미국 로스앤젤레스는 'LAX', 영국 런던은 'LON' 등으로 정해졌다. 이 도시 코드는 IATA 주관으로 정해지고 있으며 항공권 발행 등에서 가장 기본이 되는 구간 단위다.

## 2. 공항 코드

공항 코드는 도시 코드와 동일할 수 있으나 한 도시에 복수의 공항이 있는 경우 도시 코드와 구분해서 별도의 공항 코드를 정한다. 뉴욕 도시 코드는 'NYC'이지만 뉴욕 내의 존에프케네디공항은 'JFK', 뉴어크공항은 'EWR' 등으로 구분한다.

서울 역시 도시 코드는 'SEL'이지만 김포공항은 'GMP'로 구분한다. 원래는 도시 코드, 공항 코드 모두 'SEL'이었지만 인천공항이 생기면서 두 공항 모두 서울을 대표하는 공항이었기에 김포공항은 'GMP'로, 인천공항은 'ICN'로 구분해 정했다.

## 3. 항공사 코드

IATA 예약 코드라고도 불리며, 영문자 두 문자로 구성되어 있다. 항공사 코드는 항공사를 구분하기 위한 것으로, 예약, 일정, 항공권, 결산, 정산 등에 사용된다.

### 국내 항공사

| 항공사명 | 코드 | 항공사명 | 코드 |
|---|---|---|---|
| 대한항공 | KE | 아시아나항공 | OZ |
| 제주항공 | 7C | 진에어 | LJ |
| 에어부산 | BX | 이스타항공 | ZE |
| 티웨이 항공 | TW | 에어서울 | RS |

공항 전광판

### 외국 항공사

| 항공사명 | 코드 | 항공사명 | 코드 |
|---|---|---|---|
| Air Canada | AC | Garuda Indonesia | GA |
| Air China | CA | Japan Airlines | JL |
| Air France | AF | Lufthansa German Airlines | KL |
| Air New Zealand | NZ | Malaysia Airline System | MH |
| All Nippon Airways | NH | Northwest Airlines | NW |
| American Airlines | AA | Philippine Airlines | PR |
| British Airways | BA | Qantas Airways | QF |
| Cathay Pacific | CX | Singapore Airlines | SQ |
| China Airlines | CI | Thai Airways International | TG |
| Continental | CO | Vietnam Air | VN |
| Delta Airlines | DL | | |

## 4. IATA와 ICAO 코드

국제항공운송협회(IATA: International Air Transport Association)에서 부여한 도시 코드와 공항 코드는 모두 세 글자로 구성되며, 일반인들이 공항에서 흔히 볼 수 있는 코드이다. 그런데 국제민간항공기구(ICAO: International Civil Aviation

Organization) 주관하에 결정되는 공항 코드는 네 글자로 표준화되어 있다. 보편적으로 IATA 주관의 세 글자 코드를 사용하나, 항공업계 내 운항, 관제 등 특수한 업무 분야에서는 ICAO 코드를 사용한다.

### 1) 국내선 공항 코드

| 도시명 | 공항 코드 | 도시명 | 공항 코드 |
|---|---|---|---|
| 서울 | SEL | 군산 | KUV |
| 제주 | CJU | 여수 | RSU |
| 부산 | PUS | 인천 | ICN |
| 대구 | TAE | 원주 | WJJ |
| 광주 | KWJ | 진주 | HIN |
| 포항 | KPO | 청주 | CJJ |
| 울산 | USN | 김포 | GMP |

### 2) 국제선 주요 도시 코드

#### 미주 지역

| 도시명 | 공항 코드 | 도시명 | 공항 코드 |
|---|---|---|---|
| Anchorage | ANC | Los Angeles | LAX |
| Atlanta | ATL | New York | JFK |
| Boston | BOS | San Francisco | SFO |
| Chicago | ORD | Sao Paulo | SAO |
| Dallas | DFW | Toronto | YYZ |
| Denver | DEN | Vancouver | YVR |
| Hawaii | HNL | Washington D.C. | IAD |

#### 구주/중동 지역

| 도시명 | 공항 코드 | 도시명 | 공항 코드 |
|---|---|---|---|
| Amsterdam | SPL | Madrid | MAD |
| Bahrain | BAH | Moscow | SVO |
| Cairo | CAI | Paris | CDG |
| Frankfurt | FRA | Rome | FCO |

| 도시명 | 공항 코드 | 도시명 | 공항 코드 |
|---|---|---|---|
| Jeddah | JED | Telaviv | TLV |
| London | LHR | Zurich | ZRH |
| Vladivostok | VVO | Dubai | DXB |

### 동남아 지역

| 도시명 | 공항 코드 | 도시명 | 공항 코드 |
|---|---|---|---|
| Bangkok | BKK | Macau | MFM |
| Denparsar | DPS | Mumbai | BOM |
| Hochimin | SGN | Phuket | HKT |
| Hong Kong | HKG | Singapore | SIN |
| Jakarta | CGK | Mumbai | BOM |
| Kuala Lumpur | KUL | Ulanbaatar | ULN |

### 대양주 지역

| 도시명 | 공항 코드 | 도시명 | 공항 코드 |
|---|---|---|---|
| Auckland | AKL | Fiji | NAN |
| Brisbane | BNE | Saipan | SPN |
| Christchurch | CHC | Guam | GUM |
| Sydney | SYD | | |

### 중국 지역

| 도시명 | 공항 코드 | 도시명 | 공항 코드 |
|---|---|---|---|
| Beijing | PEK | Tianjin | TSN |
| Shanghai | SHA | Harbin | HRB |
| Shenyang | SHE | Qingdao | TAO |
| Yanji | YNJ | Sanya Pheonix | SYX |

# 03

# 좌석 등급
## Cabin Classes

**수행 준거**

- 객실 서비스 규정에 따라 승객의 좌석 등급을 구별할 수 있다.
- 객실 서비스 규정에 따라 승객의 좌석 번호를 확인할 수 있다.

항공기 내 객실은 크게 일등석(First Class), 비즈니스석(Business Class), 일등석(Economy Class)으로 구분되며 항공사마다 그 명칭은 상이하다. '챕터 4. 탑승 위치 대기하기, 1. 항공기 구조 이해'에서 언급한 바와 같이 좌석 등급 구분은 곧 Zone(구역)의 개념을 의미하기도 하며, 승무원의 담당구역을 정하는 기준이 되기도 한다.

좌석 등급을 구분하는 커튼

일반적으로 좌석 등급은 승객이 공유하여 점유할 수 없으며, 각 구역마다 커튼이 설치되어 있다. 그러나 저비용 항공사에서는 좌석 등급의 구분 없이 모든 좌석을 일반석으로 운영하기도 한다.

### 1. 일등석

일등석은 해당 항공사의 최고급 물적, 인적 서비스를 제공하는 클래스로 하늘 위의 호텔이라고 불리기도 한다. 좌석 위치는 소음이 적은 항공기의 맨 앞쪽이나 2층(Upper Deck)이다.

© Dmitry Birin / Shutterstock.com

아랍 에미레이트항공

© Agent Wolf / Shutterstock.com

싱가폴에어라인

© EQRoy / Shutterstock.com

루프탄자

© Sorbis / Shutterstock.com

샤워실을 갖춘 화장실

승객의 쾌적하고 안락한 비행을 위하여 좌석의 폭과 좌석 간의 간격이 넓으며, 프라이버시를 존중받을 수 있도록 공간이 독립된다는 점이 가장 큰 특징이다. 따라서 일등석의 좌석 수는 대개 10명 미만으로 구성된다(항공기, 항공사마다 상이).

최근에는 항공사가 최신 기종을 도입함에 따라 승객의 편의를 위한 칵테일바, 샤워실, 개인 거실, 개인 욕실이 설치되는 등 서비스의 화려함이 나날이 커지고 있다.

## 2. 비즈니스석

비즈니스석은 일등석의 바로 뒤쪽이나 2층에 위치한 등급으로 일등석에 버금가는 넓고 편안한 좌석을 제공한다. 최근 많은 항공사들은 최신식 기종을 도입하

대한항공

말레이시안항공

아랍 에미레이트항공

카타르항공

면서 비즈니스석 마케팅에 집중하고 있어 비즈니스 클래스의 질적 서비스가 매우 높아졌으며, 항공사마다 특색 있는 비즈니스 클래스의 명칭을 사용하는 등 차별화 전략에 힘쓰고 있다.

또 항공 여행의 증가로 마일리지 적립이 증가한 승객이 많고, 이를 사용한 비즈니스 클래스 이용자가 늘어 비즈니스 클래스는 만석을 이룰 때가 많다.

## 3. 일반석

일반석은 항공기의 대부분의 비율을 차지하는 좌석으로 기종에 따라 다르나 보통 소형기는 100~200석 이내, 중형기는 250~300석 이내, 대형기는 약 300명 이상 승객 탑승이 가능한 좌석이다. 특히 최신 대형기종의 경우는 500명까지 탑승이 가능하다.

좌석의 기능 면에서도 승객의 안락함과 쾌적함을 향상하기 위한 노력으로 좌석 간의 간격 확장이나 모든 좌석에 AVOD(Audio, Video On Demand) 장착, 휴대전화와 노트북 등의 전자기기 충전을 위한 ISPS(In Seat Power System) 설치 등을 실시하고 있다.

# 잠깐! 점검해 볼까요?

## 01 탭승권 이해

1. 탑승권을 보고 다음 사항을 확인하시오.

   ① 3 Letter Code

   ② 목적지

   ③ 좌석 번호

   ④ 출발 일시

   ⑤ 좌석 등급

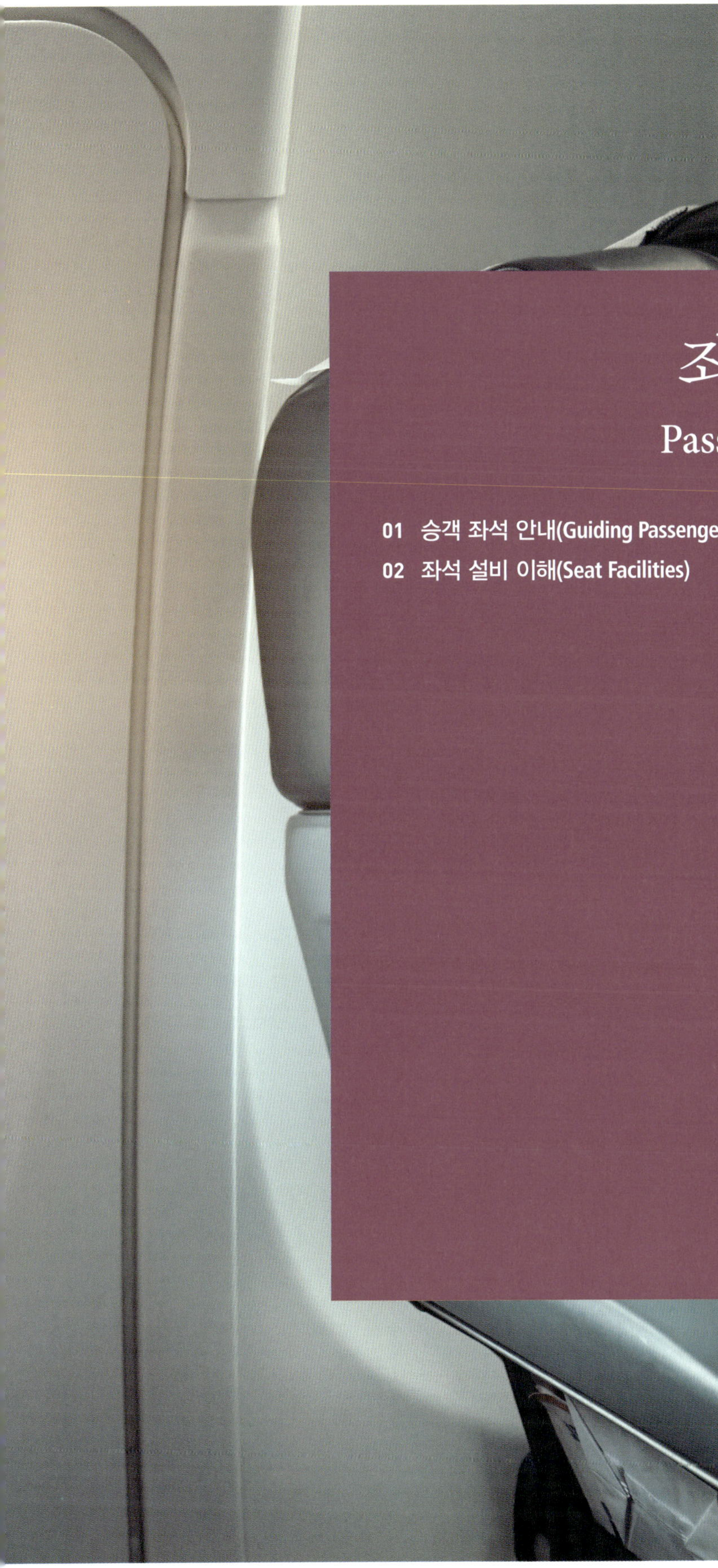

# 좌석 안내하기
## Passenger Seat Guidance



6

# 01

# 승객 좌석 안내
Guiding Passenger Seats

**수행 준거**

- 객실 서비스 규정에 따라 승객에게 지정된 좌석 번호를 재확인할 수 있다.
- 객실 서비스 규정에 따라 좌석 배열을 파악하고 승객에게 정확한 좌석으로 안내할 수 있다.

승객 탑승 시 객실 승무원은 승객과의 첫 만남에서 좋은 인상을 줄 수 있도록 승객과 눈을 마주치며 밝고 친근하게 환영 인사를 한다. 또 담당구역 승객의 좌석을 신속히 안내하고, 휴대 수하물을 규정에 맞는 적합한 장소에 보관할 수 있도록 적극적으로 안내한다.

비상구나 통로에서 승객의 탑승을 돕도록 하고, 이때 좌석에 기대어 서거나 팔짱을 끼거나, 승객 좌석에 손을 얹는 등의 행동은 금한다. 특히 일반석의 경우에는 많은 승객이 한꺼번에 탑승하기 때문에 통로가 막히기 쉬우므로 항공기 정시 출발을 위한 원활한 탑승을 위해 더욱 적극적으로 안내해야 한다.

특히 유아 동반 승객이나, 노약자, 환자 등 도움이 필요한 승객은 SSR(SHR)을 참고하여 사전에 승객 좌석을 알아두면 좋다. 승객 좌석 번호는 숫자와 알파벳의 조합으로 되어 있는데, 객실 앞에서 뒤로 갈수록 숫자가 커지고, L Side 창가 좌석부터 A로 시작한다.

항공사와 기종마다 숫자의 시작과 알파벳의 조합이 상이하므로 담당구역의 좌석 번호 배열을 미리 익혀 두어 승객에게 잘못 안내하지 않도록 한다. 탑승구에서 안내하는 승무원은 해당 항공기의 구조를 이해하고 승객의 바른 통로 쪽으로 방향을 제시한다.

승객을 응대할 때는 다음과 같은 마음가짐을 지닌다.

- 따뜻한 마음으로 항상 성의를 갖고 응대한다.
- 친절한 미소와 친근한 인사로 예의 바르게 행동한다.
- 즐거운 마음으로 승객에게 도움이 되는 작은 친절을 베푼다.
- 형식적인 말투를 사용하지 말고 마음을 담아 고객의 요구에 적극적으로 응한다.
- 승객과 약속한 사항은 반드시 지키도록 한다.
- 승객의 이야기를 더 많이 듣고, 승객의 감정 상태에 마음으로 공감한다.
- 승객과 인간적인 교감을 나눈다.
- 승객이 요구하기 전에 미리 알아서 서비스한다.
- 항상 용모 · 복장을 단정히 한다.
- 자신감 있는 응대를 위해 평소 업무 지식을 충분히 갖춘다.

출처: NCS 항공객실서비스 학습모듈(http://www.ncs.go.kr)

## 1. 승객 좌석 안내 요령

- 탑승권을 주고받을 때는 반드시 양손을 가지런히 하며, 미소와 함께 안내한다.
- 승객의 좌석을 가리킬 때도 손가락이 아닌 손바닥으로 안내한다.
- 좌석에 여유가 있는 경우라도 원칙적으로 승객의 탑승권에 기입된 좌석에 착석하도록 안내한다.
- 승객의 휴대 수하물이 올바르게 보관되었는지 확인한다.

**승객 좌석 안내문 예시**

- 안녕하십니까? 어서 오십시오.
- 어서 오십시오. 반갑습니다.
- 안녕하십니까? 좌석을 안내해 드리겠습니다.
- 좌석 번호가 어떻게 되십니까? 안내해 드리겠습니다.

- 잠시만 기다려 주십시오. 바로 확인해 드리겠습니다.
- 손님 좌석은 안쪽입니다. 안으로 좀 더 들어가십시오.
- 손님 좌석은 안쪽입니다. 안으로 들어가시면 다른 승무원이 안내해 드릴 겁니다.
- 손님 좌석은 창가입니다. (복도 쪽입니다.)

## 2. 좌석 중복(Duplicated Seat) 승객 응대 요령

- 좌석이 중복된 경우 먼저 승객에게 정중히 사과한다.
- 중복된 두 승객의 탑승권을 보고 날짜, 편명, 이름, 좌석 번호를 확인한다.
- 나중에 탑승한 승객을 가까운 Jump Seat나 비상구 쪽에 대기하도록 안내한다.
- 객실 승무원은 사무장에게 보고하고, 지상 직원에게 좌석 재배치를 요청한다.
- 좌석에 여유가 있는 비행에서는 나중에 탑승한 승객을 본인이 선호하는 좌석으로 안내한다.
- 인사말과 함께 승객을 재배정받은 좌석으로 안내하고 다시 한 번 죄송한 마음을 전한다.

**대화문 예시**

승객 : 승무원~ 내 자리에 누가 앉아 있어요.

승무원 : 네~ 실례지만 탑승권을 보여 주시겠습니까?
죄송합니다, 손님. 좌석이 중복되었네요. 제가 확인하고 올 동안 이쪽에서 잠시만 기다려 주시겠습니까?
(확인 후)
기다려 주셔서 감사합니다. / 오랫동안 기다리셨죠?
이쪽으로 좌석을 안내해 드리겠습니다.
손님의 좌석은 이쪽입니다. 비행하시는 동안 도움이 필요하시면
언제든지 저를 불러 주십시오. 즐거운 여행 되십시오.

## 3. 승객 탑승 시 사례별 응대법

### 1) 유아 동반 승객

유아 동반 승객은 생후 7일부터 만 2세 미만의 유아를 동반한 승객이다. 유아 동반 승객은 아기를 데리고 여행하는 것에 대한 심적 부담이 크고 다른 승객의 피해를 우려하므로, 객실 승무원의 따뜻한 말 한마디와 정성이 큰 위로가 될 수 있다.

또 아기를 안은 채 유아용품 및 유모차 등으로 휴대한 짐이 일반 승객보다 많으므로, 승객의 아기를 건네받기보다는 승객의 짐 정리를 적극적으로 돕는다. Baby Bassinet(아기요람)은 안전을 위해 이륙 후 장착됨을 알린다.

### 2) 임신한 승객

임신한 승객은 신체적 피로를 쉽게 느끼므로 기내에서 편안한 휴식이 필요하다. 담당 승무원은 승객 탑승 시 담당 승무원임을 밝히고, 언제든지 도움이 필요하면 요청할 것을 안내한다. 만약 승객의 좌석이 창가 쪽이라면 승객의 의향을 묻고, 이동이 편리한 복도 쪽으로 변경해 주는 것도 좋다.

안전 벨트는 가능한 한 배에 충격이 가지 않도록 배 아래쪽으로 맬 것을 안내하고, 여유분의 기내 담요나 베개가 있다면 허리에 받쳐 편안한 자세를 취하도록 돕는다.

### 3) 좌석 이동 요청 승객

배정받은 좌석이 아닌 좌석으로 옮기길 원하는 승객은 모든 승객의 탑승이 끝

난 후, 빈 좌석이 있을 경우 옮겨도 된다고 안내한다. 이때 잊지 말아야 할 것은 스페셜 밀 주문 승객인지 확인하는 일이다. 주문 승객일 경우에는 옮긴 좌석으로 스페셜 밀이 전달되도록 한다.

만석으로 빈 좌석이 없는 경우에는 다른 승객에게 양해를 구해 보겠다고 말하고, 해당 승객에게 자리를 바꿀 의향이 있는지 조심스럽게 알아본다.

- 자리를 바꿔 줄 승객이 있는 경우 : 자리를 바꿔 준 승객에게 감사 인사를 하고, 기내 수하물이나 소지품 등 옮기는 짐이 있을 경우 적극적으로 도우며 비행 중에도 지속적인 관심을 갖는다.
- 자리를 바꿔 줄 승객이 없는 경우 : 최선을 다해 알아보았으나 여의치 않음을 말하고, 기내 불만으로 이어지지 않도록 비행 중 지속적인 관심을 보인다.

### 4) 무단 좌석 점유 승객

승객 자신이 예약한 좌석 클래스가 아닌 상위 클래스를 무단으로 점유한 승객으로, 일반석 승객이 비즈니스석에 앉거나 비즈니스석 승객이 일등석에 앉은 경우를 뜻한다.

SSR(SHR)과 탑승권으로 무단 점유 사실을 확인하고, 본인의 좌석으로 돌아갈 것을 권유한다. 지속된 권유에도 불구하고 승객의 거부 시 '기내 업무 방해 규정'에 따라 사무장 및 지상 직원에게 보고하고, 운송 규정에 맞는 조치를 취한다.

목적지에 도착하면 지상 직원에게 해당 사실을 통보하고 추가 조치를 취한다.

### 5) 좌석 업그레이드 요청 고객

항공기 Door가 닫히기 전이고 해당 상위 클래스의 좌석에 여유가 있다면, 지상 직원에게 알려 차액을 징수하고 나서 좌석 변경이 가능하다. 그러나 항공기 출발 후에는 국내 항공사 정책에 따라 좌석 등급의 상향 조정이 불가하다.

### 6) 비상구 열 좌석 승객

비상구 열 좌석에 배정받은 승객은 항공기 비상사태 시 승무원을 도와 승객의 탈출을 돕는 협조자 역할을 하게 된다. 항공사의 기내 좌석 배정 원칙에 따라 항공사 직원이나 신체 건강한 성인, 의사소통(영어)이 가능한 남자 성인 등이

배정된다.

승무원은 자신의 담당 비상구 열 승객에게 이를 다시 한 번 고지하고 동의를 구하며, 감사 인사를 전한다.

**대화문 예시**

손님, 실례합니다.
이곳은 비상구 좌석으로, 손님은 비상탈출 시 승무원의 안내에 따라 다른 승객의 탈출을 돕는 협조자 역할을 해 주셔야 합니다. 이에 동의하십니까? 감사합니다.
이 문은 비상시에만 사용되는 문입니다. 승무원의 지시가 있을 경우 비상구 문을 여는 방법은 ____________ 입니다.

(앞좌석 주머니 속의 Safety Information Card를 보여 주면서)

자세한 내용은 앞좌석 주머니 속에 있는 안내서를 참고해 주시기 바랍니다.
협조해 주셔서 감사합니다. 즐거운 비행 되십시오.

### 7) 개인 물건(이유식, 약 등) 보관 요청 승객

기내에서는 비행 중 물건의 분실이나 파손 등 책임 소재의 이유로 승객 개인의 물건이나 짐을 따로 맡아 주지 않는다. 특히 음식물이나 약 등은 변질 위험이 있기 때문에 보관을 따로 하지 않는다.

승객의 짐은 항공기 규정에 따라 선반 안이나 좌석 아래에 보관하고, 큰 짐은 위탁 수하물로 부치도록 안내한다. 또 약, 이유식 등의 냉장 보관을 원할 경우에는 드라이아이스나 얼음을 제공하여 승객이 직접 보관할 수 있도록 한다.

### 8) 큰 짐을 기내에 가지고 탑승한 승객

기내에 반입 가능한 수하물의 크기는 항공사/클래스별로 상이하나 일반적으로 가로/세로/높이의 합이 115cm 이하로 제한되어 있다. 기내 선반에 수하물이 들어가지 않을 경우 사무장에게 보고하고, 지상 직원을 통해 위탁 수하물로 부칠 수 있도록 안내한다.

### 9) 코트 등의 외투 보관 요청 승객

항공기에 일반석 전용 코트룸이 있는 경우에는 승객의 좌석 번호를 옷걸이에 적어 보관하고, 귀중품은 승객이 지참하도록 안내한다. 그러나 코트룸이 협소하거나 구비되지 않은 경우, 선반 속에 잘 접어 보관할 것을 권유한다.

만약 승객의 불만이 계속될 경우 상위 클래스 코트룸에 여유가 있는지 확인하고, 보관하도록 한다. 보관했던 외투는 착륙 전에 잊지 않고 돌려준다.

# 02

# 좌석 설비 이해

Seat Facilities

수행 준거

- 객실 서비스 규정에 따라 승객에게 좌석 설비 사용법을 안내할 수 있다.
- 객실 서비스 규정에 따라 좌석 상태를 파악하여 조치할 수 있다.

## 1. 좌석 이해

항공기 승객 좌석은 승객의 편리함을 위해 팔 받침대, 발 받침대, 좌석 벨트, 식사 테이블, 승객 좌석 주머니, 모니터, 리모컨 등으로 구성되어 있다. 좌석 상부에는 독서등과 좌석 벨트 착용 표시등이 장착되어 있으며, 좌석 하단에는 비상탈출 시 사용하는 비상용 구명조끼가 보관되어 있다.

일반석

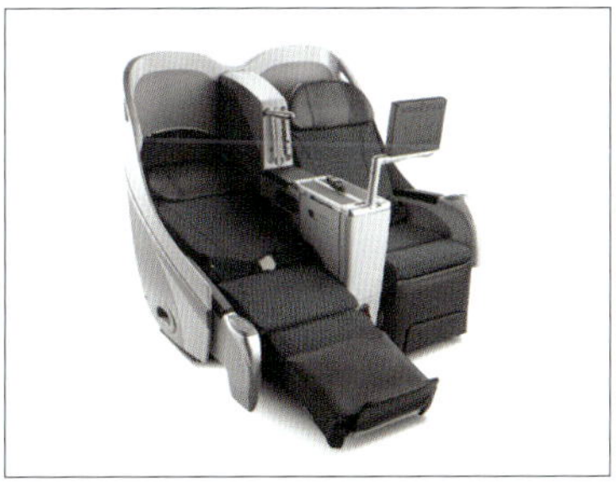

비즈니스석

일등석

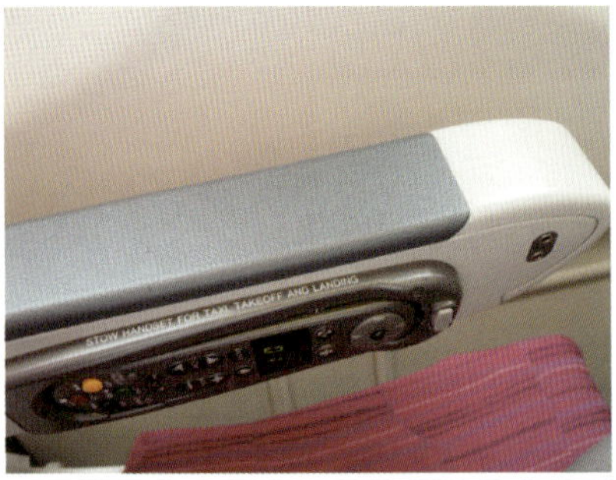

## 2. 좌석 설비 사용법

### 1) 팔 받침대(Arm Rest)

위아래로 조정할 수 있으며, 팔 받침대 앞쪽에 헤드폰 잭을 꽂을 수 있는 홀이 있고, 팔 받침대 옆쪽으로 승무원 호출 버튼, 독서등 버튼, 등받이 버튼, 오디오 볼륨 및 채널 변경 버튼이 있으며, 이를 통칭하여 PSU(Passenger Service Unit)라고 한다. 독서등과 승무원 호출 버튼은 해당 버튼을 한 번 누르면 켜지고 다시 한 번 누르면 꺼진다.

### 2) 발 받침대(Foot Rest)

상위 클래스의 경우 버튼으로 발 받침대 조절이 가능하고, 일반석은 수동으로 발 받침대를 꺼내 사용할 수 있다. 안전상의 이유로 항공기 이/착륙시에는 제자리에 원위치해야 한다.

### 3) 좌석 벨트(Seat Belt)

좌석 벨트는 갑작스러운 기류 변화에 대비하여 비행 중에는 계속 착용하고 있을 것을 안내한다. 착용 방법은 버클을 끼워 허리 아래로 내려서 단단히 조인다. 풀 때는 덮개를 들어 올리면 된다. 승객의 체형으로 인해 벨트를 매기가 어려울 경우 기내 앞쪽 승무원 좌석(Jump Seat) 하단에 비치된 익스텐션 벨트(Extention Belt)를 이용해 승객 좌석 벨트에 연결하여 쓸 수 있다. 유아 동반 승객의 경우 보호자의 벨트를 먼저 맨 후 유아는 팔로 감싸 안는다.

### 4) 식사 테이블(Tray Table)

식사 테이블은 좌석 앞에 장착되어 있으며, 기종과 클래스에 따라 열고 닫는 방법이 다르다. 일반석은 고리를 돌려 테이블을 열 수 있고, 상위 클래스는 승객의 팔 받침대 안에 테이블이 들어 있다. 식사 테이블은 이/착륙 시 승객의 안전을 위해 제자리로 원위치해야 한다.

### 5) 등받이(Seat Back)

등받이는 클래스에 따라 젖히는 각도가 다르다. 737항공기의 경우 일반석 중간에 위치한 비상구 열 좌석은 비상탈출 시 승객의 탈출을 용이하게 하기 위해 등받침이 젖히지 않는다.

팔 받침대에 위치한 버튼을 눌러 등받이를 뒤로 젖히며, 상위 클래스의 경우에는 자동 버튼을 눌러 각도를 조절할 수 있다. 안전상의 이유로 이/착륙 시에는 원위치로 한다.

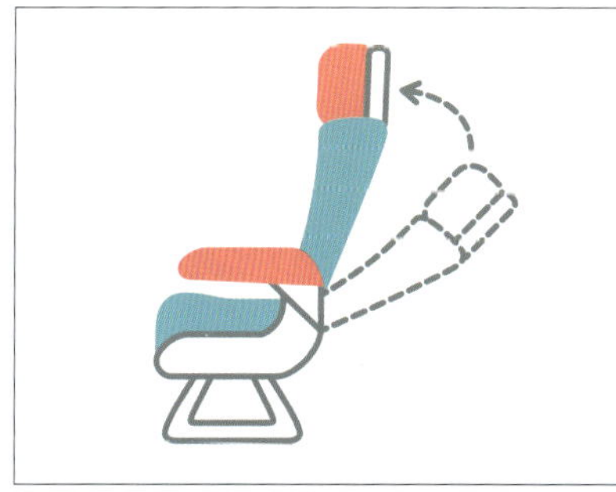

### 6) 승객 좌석 주머니(Seat Pocket)

식사 테이블 아래쪽에 위치한 주머니로 항공사 잡지 및 안전안내문(Safety Information) 등이 비치되어 있다.

© James W Copeland / Shutterstock.com

### 7) 개인 모니터(Monitor)

승객의 편안한 휴식을 위하여 최근 항공사에서는 모든 일반석에 개인용 모니터를 장착하는 추세이다. 이는 영화, 음악, 게임 등 다양한 콘텐츠를 제공하는 최첨단 오락 시스템으로 일정한 시간에만 일률적으로 상영하는 종전의 방식이 아닌, 승객이 원하는 시간에 원하는 상영물을 선택하여 시청할 수 있는 시스템이며, 이를 주문형 기내 오락 시스템(AVOD: Audio Video on Demand) 서비스라고 한다. 모니터를 통해 영화 시청 및 음악 청취가 가능하며 밝기 조절 및 언어를 선택할 수 있다.

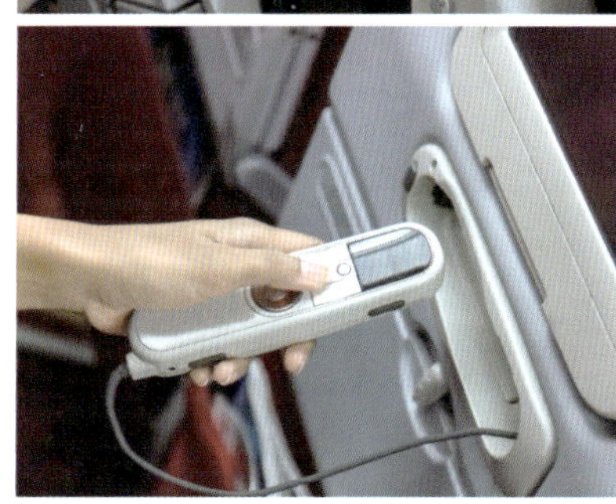

### 8) 리모컨(Remote Control)

모니터에서 영화 시청 및 음악 감상을 하기 위한 리모컨이다. 승객의 팔걸이나 모니터 근처에 장착되어 있다.

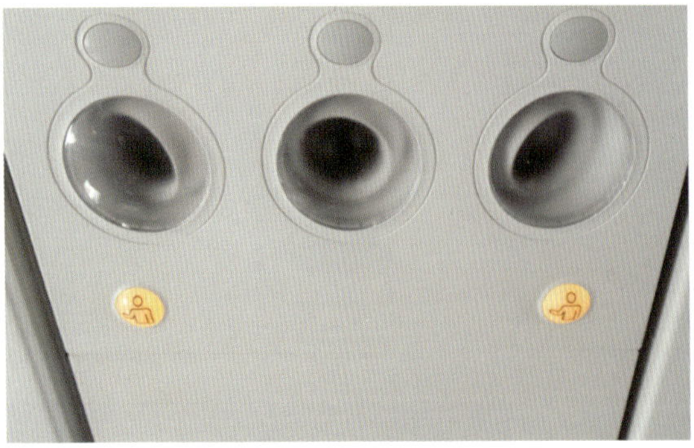

독서등

비즈니스석의 독서등

### 9) 독서등(Reading Light)

비행 중 기내가 어두울 때 머리 위쪽에서 비춰 주는 개인용 조명등으로 기종에 따라 상위 클래스의 경우 밝기 조절이 가능하기도 하다. 일반적으로 스위치는 팔걸이 옆이나 머리 위 선반 쪽에 위치한다.

### 10) 개인 전원 공급장치(ISPS: In Seat Power Supply System)

좌석 아래나 모니터 옆에 설치되어 있는 충전 시스템으로 휴대전화나 노트북 등의 전자기기를 충전할 수 있다. 좌석 아래에 있는 경우 상위 클래스는 좌석당 1개, 일반석은 좌석 한 열당 1개 또는 2개씩 장착되어 있다.

### 11) 기내 전원 공급장치(In-flight Power System)

- 콘센트 타입 : 다양한 형태의 플러그 사용이 가능하나, 일부 국가에서 사용하는 특수한 형태의 플러그 사용 시에는 별도의 플러그 어댑터가 필요할 수 있다.
- 기내 전압 : 110V/60Hz, 대부분의 노트북 전원 장치는 Free Voltage Type(100~240V)이므로 전원 사용이 가능하다. 각 콘센트에서 사용 가능한 전력은 최대 약 100~200W(기종별로 상이)이며 노트북 소비 전력에 따라 전원 공급이 제한될 수 있다.

- USB 포트 : 휴대용 전자기기 충전용이며(높은 전류를 필요로 하는 태블릿 등 제외), RJ45(인터넷 포트)는 현재 사용이 불가하다. 태블릿은 정품 충전기를 ISPS(개인 전원 공급장치)에 연결하여 충전이 가능하다.
- 안전을 위해, 별도의 공지 없이 기내 전원 공급을 차단할 수 있다.

### 12) 기내 위성전화

기내 위성전화는 항공기의 비행 중 통신위성 및 항공 기지국을 통해 항공기와 지상 간에 음성을 송수신하는 시스템이다. 비행 중 급한 용무가 있을 때 매우 용이하게 사용할 수 있으나, 통화 요금이 비싸고(통화 요금은 항공사마다 상이), 전화가 연결되는 데 시간이 많이 걸리며, 음성 지연 및 울림 현상이 있을 수 있다.

#### 타입 1 전화 사용법

■ 좌석에서 지상으로 통화

- 요금은 분당 12.5달러이다.(OZ)
- [좌석에서 지상으로 통화]를 선택한다.
- 00+국가번호+지역번호(맨 앞의 0은 제외)+전화번호 순으로 입력한다.
- 신용카드를 핸드셋 옆면에 있는 홈에 넣고 통화시킨다.
- 전화를 이용하려면 [계속] 버튼을 선택하고, 취소하려면 [끝내기] 버튼을 선택한다.

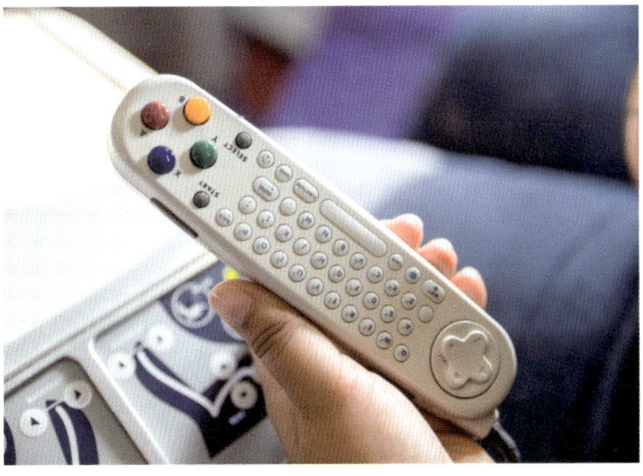

타입 1 전화

타입 2 전화

■ 좌석 간 통화

- 무료이다.(OZ)
- [좌석 간 통화]를 선택한다.
- 전화받을 사람의 좌석 번호를 입력한다(예: 40열 A좌석은 40A).
- [전화 걸기] 버튼을 선택한다. 전화를 끊으려면 [전화 끊기] 버튼을 선택한다.
- 전화를 받을 때는 화면에 메시지 창이 뜨면 핸드셋의 [전화 걸기] 버튼을 선택한 후 통화하면 된다.
- 전화받을 사람이 사전에 [좌석 간 통화 수신]을 선택해야 통화가 가능하다.

### 타입 2 전화 사용법

초기 화면에서 [언어]를 선택한 후 [문자메시지/이메일]을 선택하고 [전화]를 선택한다.

■ 핸드셋으로 좌석에서 지상으로 통화

- 요금은 분당 8달러이다.
- [power]를 눌러 핸드셋의 전원을 켠다.
- [Make Call]을 선택하고 [OK] 버튼을 누른다.
- 신용카드를 핸드셋 오른쪽 홈에 넣고 통과시킨다.
- 00+국가번호+지역번호(맨 앞의 0은 제외)+전화번호를 순서대로 입력하고 [통화] 버튼을 누른다.
- 연결을 위해 약 30초간 기다린다.
- 통화를 종료하려면 [끊기] 버튼을 누른다.

> **참고**
>
> **통화 요금(KE)**
> - 통화 시작부터 1분까지 : 8.98달러 일괄 부과
> - 1분 이후 통화 요금 : 6초당 0.65달러 추가
>   예) 1분 6초 통화 시 9.63달러 부과
> - 통화 연결까지 30~60초가 소요되며 통화 전에는 요금이 미부과
>
> **사용 가능 신용카드**
> - VISA, MASTER, AMERICAN EXPRESS, DINERS, JCB
> - Debit Card는 결제 불가

■ 핸드셋으로 좌석 간 통화

- 무료이다.
- [power]를 누르고 [Call Seat]를 선택한다.
- 좌석 번호를 누르고 [통화] 버튼을 누른다.

# 잠깐! 점검해 볼까요?

## 01 승객 좌석 안내

1. 항공기 3-3-3배열의 'L' Side와 'R' Side의 좌석 번호를 익히시오.

2. 다양한 인사말로 승객의 좌석을 안내해 보시오.

## 02 좌석 설비 이해

1. 위성전화 사용법을 설명하시오.

2. 좌석벨트를 착용하는 법과 푸는 법을 설명하시오.

3. 일등석, 비즈니스석, 일반석의 구분에 따라 등받이를 조절해 보시오.

4. 모니터와 리모컨을 통해 조절할 수 있는 기능을 설명하시오.

# 수하물 정리 지원하기

## Assisting Baggage Storing



7

# 01
# 수하물 규정
## Baggage Allowance

수행 준거

- 객실 서비스 규정에 따라 수하물의 특성별로 보관하도록 안내할 수 있다.
- 객실 서비스 규정에 따라 수하물을 안전하게 다룰 수 있다.

### 1. 수하물 종류

#### 1) 휴대 수하물(Carry On Baggage)

항공기 객실 내에서 승객이 직접 휴대하는 수하물을 말한다. 승객 탑승 시 초과 휴대 수하물이 발견될 경우, 해당 승객에게 초과 수하물의 기내 반입이 불가함을 충분히 설명하고 출발 담당 운송 직원에게 짐칸 탑재 조치를 요청하여 승객의 최종 목적지까지 일반 화물로 보내도록 한다.

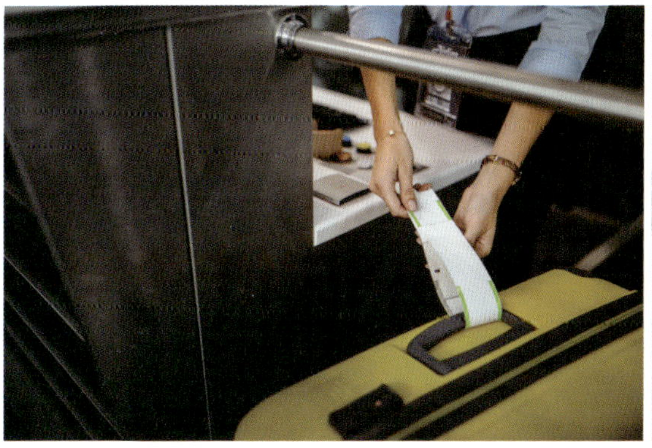
© wundervisuals / iStock

© simonkr / iStock

### 2) 위탁 수하물(Checked Baggage)

승객이 탑승하는 항공기의 화물칸(Cargo Compartment)에 탑재하도록 항공사에 위탁하는 수하물을 말한다. 비행 안전을 위해 위탁 수화물은 승객이 탑승하지 않으면 무조건 하기하는 것이 원칙이다.

### 3) 비동반 수하물(Unaccompanied Baggage)

승객이 탑승하는 항공기가 아닌 타 항공편으로 운송되는 수하물을 말한다.

## 2. 수하물 탑재 절차

### 1) 휴대 수하물

- 세관/보안 검사 후 기내 휴대 가능 품목과 제한 품목으로 분류한다.
- 휴대 가능 품목은 승객이 직접 휴대하고 휴대 제한 품목은 지상 직원에 의해 따로 분류되어 해당편 사무장에게 인계한다.
- 기내 휴대 제한 품목(SRI: Safety Restricted Item)은 칼, 가위, 송곳, 골프채, 건전지 등 기내 보안 및 안전을 위해 휴대가 제한되는 물품이다.

### 2) 위탁 수하물

- 탑승 수속 카운터에서 점검 및 계량하여 무료 수하물, 초과 수하물, 특수 수하물(운송 제한 또는 규제 품목) 등으로 분류한다.

• 수하물표를 부착하고 세관/보안 검사를 거친다.
• 항공기에 탑재한다.

## 3. 수하물 구분

| 운송 가능한 수하물 | 기내 휴대 가능 품목(Carry On Baggage) |
|---|---|
| 운송 제한 품목 (Restricted Item) | 제한적으로 기내 반입 가능 |
| | 수하물로 위탁 불가, 직접 휴대만 가능 |
| | 위탁 수하물로만 가능(SRI: Safety Restricted Item) |
| | 리튬 배터리 운송 제한 |
| | 화물칸과 기내 모두 반입 금지 |

### 1) 운송 가능한 수하물

승객 탑승 시 휴대 및 위탁할 수 있는 수하물 허용량은 항공사마다 상이하며, 여정과 좌석 등급, 마일리지 등급에 따라 다르다.

#### 무료 휴대 수하물(Carry On Baggage)

• 무료 수하물은 승객이 직접 기내에 가지고 탑승하는 수하물이며 승객의 좌석 아래나 머리 위 선반에 보관할 수 있는 물품이다. 비행 중 승객이 직접 보관, 관리하므로 파손이나 분실되었을 때 항공사의 책임은 없다.
• 여정과 항공권의 좌석 등급에 따라 무료로 허용되는 수하물의 개수와 무게가 다르므로 승객의 여정에 맞는 무료 수하물 허용량을 확인해야 한다.
• 보통 세 변의 총합이 115cm 이내인 수하물 1개로 그 크기와 수량이 제한되지만 등급별로 약간의 차이가 있다(일등석, 비즈니스석은 수하물 2개 허용).

#### 추가 휴대 수하물 규정

• 일반석을 이용하는 경우, 노트북 컴퓨터, 서류가방, 핸드백 중 1개를 추가로 휴대할 수 있다(가방 1개와 합해 총 무게가 12kg 이하).

무료 휴대 수하물 규정(KE)

| 좌석 등급 | 개수 | 총 무게 |
|---|---|---|
| 일등석<br>프레스티지석 | 2개   | 18kg/40lb |
| 일반석 | 1개  | 12kg/25lb |

- 가방 하나의 규격은 세 변의 합이 115cm/45in 이내여야 하며, 각 변은 각각 A 40cm, B 20cm, C 55cm를 초과해서는 안 된다(KE 규정).
- 기내로 악기를 반입하는 경우 : 바이올린 등 세 변의 합이 115cm(45in) 이내인 소형 악기는 무료로 기내에 반입할 수 있다. 규정보다 큰 대형 악기는 별도의 좌석을 구입해야 한다.

### 휴대 수하물 규제 및 처리

승객의 과다한 짐이 기내에 반입되어 통로, 비상구 주변에 방치되면 비상사태 시 신속한 승객 탈출에 커다란 장애요소가 되며, 기체 동요 시 튀어 오르거나 하여 승객을 다치게 할 우려가 있다. 또 수화물 선반에 무리하게 집어 넣은 규격 초과 휴대물이 이착륙 시나 기체 동요 시 떨어져 주변 승객을 다치게 할 우려가 있다.

총기류나 인화성 물질의 기내 반입은 다수 승객의 안전에 중대한 영향을 끼칠 우려가 있으므로 반드시 규정에 맞게 반입을 규제하고 적절하게 보관해야 한다.

- 기내에 반입된 모든 수하물은 반드시 기내 선반 또는 좌석 아래에 보관한다.
- 내리기 전에 두고 내리는 물건이 없는지 확인한다.
- 수하물을 올리고 내릴 때 수하물이 떨어지지 않도록 주의한다.

**참고**

객실 안전 및 승객 편의를 위해 통로 및 비상구의 접근을 제한하거나 주변 승객의 불편을 야기할 수 있는 개인 편의 용품은 운송만 가능하며 기내 사용은 불가하다(예: Bedbox, Leg Hammock, Inflatable Cube 등).

## 2) 운송 제한 품목

### 제한적으로 기내 반입 가능한 품목

다음 품목은 소량을 기내로 반입하는 것이 가능하다.

- 액체류 : 개별 용기당 100ml 이하로 1인당 총 1L 용량의 비닐 지퍼백 1개
- 파우더류 : 12oz(350ml) 이상은 위탁 수하물로만 운송 가능하다. 출발지 국가 규정에 따라 상이할 수 있으며, 한국 출발편은 미국행에만 해당한다.
- 여행 중 필요한 개인 의약품 : 의사의 처방전 등 관련 증명서를 제시하고 보안 검색 요원이 적정하다고 판단할 경우 비행 중 필요한 용량에 한해 기내 반입이 가능하다.
- 1개 이하의 라이터 및 성냥 : 출발지 국가 규정에 따라 상이할 수 있으며, 중국 출발편의 경우 운송이 허용되지 않는다.
- 항공사의 승인을 받은 의료 용품
- 1인당 2.5kg 이내의 드라이아이스

### 위탁 수하물 불가, 직접 휴대만 가능한 품목

위탁 수하물에 포함될 수 없으며 필요시 직접 휴대해야 하는 품목으로, 이러한 물품의 운송 도중 발생한 파손, 분실 및 인도 지연에 대해 항공사는 책임을 지지 않는다.

다음 품목은 수하물로 위탁이 불가하니 직접 휴대해야 한다.

- 파손 또는 손상되기 쉬운 물품
- 전자제품(노트북, 카메라, 휴대전화 등) 및 서류, 의약품

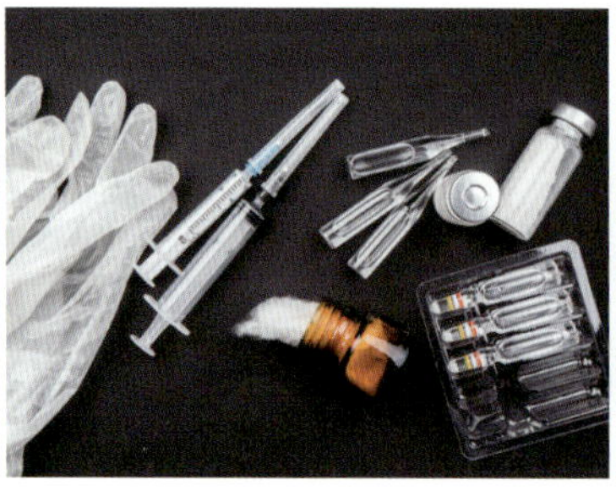

- 화폐, 보석, 중요한 견본 등 귀중품
- 고가품(1인당 USD2,500을 초과하는 물품)

### 위탁 수하물로만 가능한 품목(SRI: Safety Restricted Item)

출발 수속 중 보안 검색을 통해 발견된 총포류, 칼, 가위, 송곳, 톱, 골프채, 건전지 등 다른 승객, 항공기 안전 및 보안에 위해를 가할 가능성이 있는 물품으로, 기내 반입이 불가하며 위탁 수하물에 넣어 탁송해야 한다.

엑스선 통과 시 발견되는 이러한 물품은 직원에 의해 수거되며, 목적지에 도착한 후에 공항 수하물을 회수하는 곳에서 찾을 수 있다.

### 리튬 배터리 운송 제한 품목

2018년 2월부터 160Wh를 초과하는 보조 배터리와 배터리 장착기기, 스마트 수하물 가방(Smart Luggage)은 항공기 내 휴대 · 위탁 수하물로 운송이 제한된다. 운송 제한 품목을 세부적으로 살펴보면 다음과 같다.

- 160Wh 이하의 리튬 배터리는 운송 방법에 따라 휴대 · 위탁 수하물 운송 기준이 달라진다. 예를 들어 노트북 등 160Wh 이하의 리튬 배터리가 장착된 기기는 휴대 · 위탁 수하물이 모두 허용된다.
- 160Wh 이하의 보조 배터리는 휴대할 수 있지만 위탁 수하물 운송은 불가하다.
- 내부에 리튬 배터리가 장착된 스마트 수하물 가방의 경우 장착된 리튬 배터리가 분리되지 않는 모델은 위탁 수하물 탁송, 휴대 수하물 반입 등이 모두 금지된다. 단 160Wh 이하인 경우에 휴대가 가능하다.

• 160Wh 이하인 배터리가 가방에서 분리될 경우 배터리의 휴대가 가능하지만 위탁은 금지된다. 단 분리된 가방은 휴대 · 위탁 모두 가능하다.

이는 비행 중 항공기에 화재가 발생할 경우 진압이 어렵기 때문이며 철저한 사전관리가 불가피하다.

리튬 배터리에 대한 휴대 · 위탁 수하물 항공 운송 기준

| 리튬 배터리 용량 규격 | | 휴대 수하물 | 위탁 수하물 |
|---|---|---|---|
| 160Wh 이하 배터리가 장착된 기기 | | 허용 | 허용 |
| 160Wh를 초과하는 배터리가 장착된 기기 | | 금지 | 금지 |
| 100Wh 이하 보조 배터리 | | 허용 | 금지 |
| 100Wh 초과~160Wh 이하의 보조 배터리 : 1인당 2개 이하 | | 허용 | 금지 |
| 160Wh를 초과하는 보조 배터리 | | 금지 | 금지 |
| 스마트 캐리어 | 160Wh 이하의 배터리가 가방에서 분리된 경우 : 분리된 가방은 휴대 · 위탁 수하물 허용 | 허용 | 금지 |
| | 160Wh 이하의 배터리가 가방에서 분리되지 않은 경우 | 허용 | 금지 |
| | 160Wh를 초과하는 배터리가 장착된 가방 | 금지 | 금지 |

공항 내 위험품 안내문

### 화물칸과 기내 모두 반입 금지 품목

다음 품목은 기내 반입과 위탁 수하물 운송이 모두 금지되어 있다.

- 페인트, 라이터용 연료와 같은 발화성/인화성 물질
- 산소캔, 부탄가스캔 등 고압가스 용기
- 총기, 폭죽 등 무기 및 폭발물류
- 리튬 배터리 장착 전동휠(외발 전동휠, 두발 전동휠, 전동 보드, 전동 킥보드 등)
- 탑승객 및 항공기에 위험을 줄 가능성이 있는 기타 품목

# 02

# Overhead Bin(수하물 선반) 이해

## Overhead Bin

### 수행 준거

- 객실 서비스 규정에 따라 좌석 주변의 공간을 파악하여 승객에게 객실 선반의 위치를 안내할 수 있다.
- 객실 서비스 규정에 따라 안전하게 선반을 작동할 수 있다.

수하물 선반(Overhead Bin)은 승객의 짐을 보관할 수 있는 공간으로, 선반을 여닫을 때 안에 넣은 물건이 떨어지지 않도록 겹쳐 넣어서는 안 되며, 선반을 여닫을 때 수하물이 떨어져 승객이 상해를 입지 않도록 휴대 수하물의 보관을 철저히 해야 한다.

가지런히 잘 보관된 수하물

수하물 선반을 여는 모습

수하물 선반이 닫힌 모습

## 1. 수하물 선반 표준 업무 절차

### 1) 수하물 선반을 닫을 때

- 수화물 선반이 자연스럽게 닫히는지 확인하고 '딱' 하는 소리가 날 때까지 손으로 눌러서 잠금(Locking) 상태를 촉수 확인한다.
- 수화물 선반의 개폐 손잡이가 잠금 상태로 되어 있는지 육안으로 확인한다.
- 비행 중 승객이 열고 닫는 것을 발견한 경우에도 잠금 상태를 확인한다.

### 2) 수하물 선반을 열 때

- 1단계 : 수화물 선반 아래에 착석한 승객에게 사전 양해를 구한다.
- 2단계 : 수화물 선반을 약 10cm 정도만 살짝 열고, 손을 수화물 선반 안으로 넣어 좌우로 떨어질 물건이 없는지 확인한다.
- 3단계 : 수화물 선반을 천천히 열고 조심해서 짐을 내린다.

이륙 시점에서는 환영 인사 후 담당구역을 재확인(데모(Demo) 실연 시에는 데모 후 갤리로 돌아가면서 재확인)한다. 착륙 시점에서는 착륙 사인(Landing Sign) 후 모든 수화물 선반을 손으로 직접 누르면서 확인한다.

**지팡이와 목발 보관 가능 장소**

- 비상구 열 좌석이 아닌 창가 좌석 쪽 벽면 하단
- 개방된 코트룸(Enclosed Coatroom)
- 단, 지팡이는 비상구 열 좌석이 아닌 모든 좌석의 아래 바닥에 가로로 보관 가능

## 2. 수하물 선반에 보관할 수 없는 물품

지팡이, 목발, 무겁거나 날카로운 짐, 깨지기 쉬운 유리제품, 액체류 등 흐르기 쉬운 제품, 충격에 의해 파손될 우려가 있는 고가품 등은 수화물 선반 보관이 불가하다.

# 03

# 수하물 보관 및 안내

## Baggage Storage and Guide



**수행 준거**

---

객실 서비스 규정에 따라 수하물의 보관 위치를 기억하여 승객에게 다시 전달할 수 있다.

기내에서 수하물을 보관할 수 있는 장소는 수하물 선반, 좌석 하단(거치대가 설치되어 있는 장소), 코트룸(Coatroom)이다.

### 1. 수하물 보관 시 유의점

- 승객의 과다 수하물은 비상사태 발생 시 비상구나 통로를 막아 승객의 신속한 탈출의 방해요인이 될 수 있으므로 비상구 주변(Door Side)이나 객실 통로 주변에 승객의 짐이 방치되지 않도록 한다.

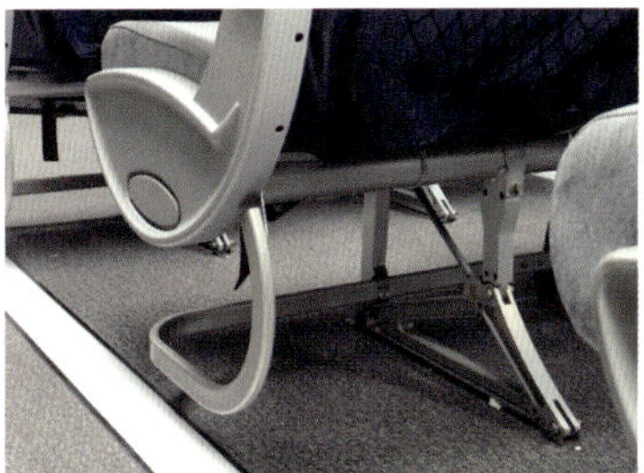

좌석 하단 거치대

오버헤드 빈

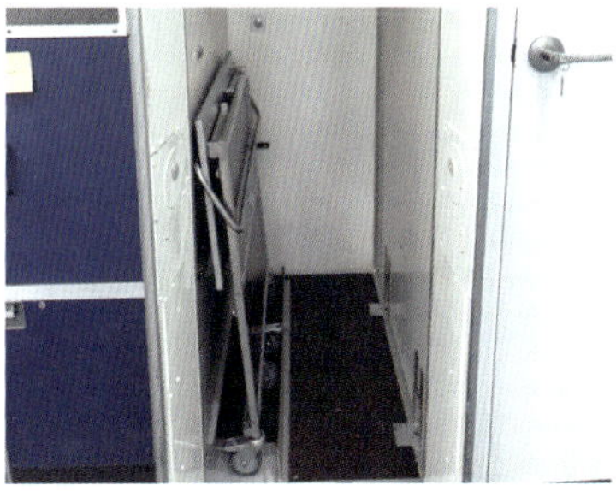

코트룸

- 규정에 맞지 않거나 정해진 위치에 보관되지 않은 수하물은 비행 중 기체 요동이 발생하는 경우 승객의 부상 원인이 될 수 있으므로 규정에 맞는 휴대 수하물 관리가 중요하다.
- 가벼운 물건은 선반 안에 보관하지만 무거운 물건, 깨지기 쉬운 물건은 좌석 아래에 보관하여 승객의 안전에 유의한다. 또 선반에서 떨어지는 물건에 의해 발생하는 부상을 방지하기 위해 선반을 여닫을 때 항상 주의해야 한다.
- 부피가 큰 물건은 보관표(Tag)에 좌석 번호를 기입하여 코트룸에 보관한다.

## 2. 수하물 특성별 보관 방법

### 1) 캐리어, 가방, 코트 등의 휴대 수하물

가벼운 캐리어, 가방, 코트 등의 휴대 수하물은 수하물 선반(Overhead Bin)에 보관하도록 안내하며, 귀중품은 직접 가지고 있도록 안내한다. 이때 안전한 보관을 위해서는 수하물을 겹쳐 넣지 않는 것이 중요하다.

**대화문 예시**

- 손님, 실례합니다만, 가지고 계신 가방은 좌석 위 선반 안에 넣어 주시겠습니까?
- 손님, 코트는 좌석 위 선반 안에 넣어서 보관해 주시면 감사하겠습니다.(코트와 짐이 섞여 구김이 갈 수 있기 때문에 코트를 잘 접어 한쪽에 보관하도록 돕는다.) 이때 승객에게는 오버헤드 빈이라는 용어가 익숙하지 않으므로 '좌석 위 선반'으로 안내하도록 한다.

### 2) 무거운 물건, 깨지는 물건 등의 휴대 수하물

무거운 물건(좌석 하단에 들어가는 크기)이나, 깨지는 술병 등의 휴대 수하물은 수하물 선반에 보관할 경우 떨어져 깨지거나, 승객에게 상해를 입힐 수 있기 때문에 좌석 앞 하단에 보관하도록 안내한다.

대화문 예시

손님, 실례합니다만 술병을 선반에 보관할 경우 떨어져서 깨질 우려가 있으니 좌석 앞 하단에 보관해 주시기 바랍니다. 감사합니다.

### 3) 부피가 큰 휴대 수하물

수하물이 부피가 커서 수하물 선반에 들어가지 않는 경우, 승무원은 코트룸에 보관할 수 있음을 알린다. 객실 내 코트룸이 여러 곳에 있으므로 승객에게 짐을 보관한 코트룸의 정확한 위치를 안내한다. 또 코트룸 안의 다른 짐이나 의복이 상하지 않도록 유의하여 보관하도록 한다. 그리고 하기할 때 돌려줄 것을 안내한다.

대화문 예시

손님, 이 짐은 선반 안에 들어가지 않을 것 같습니다. 제가 기내 앞쪽(기내 뒤쪽) 코트룸에 보관해 드리겠습니다. (승객 좌석 번호를 짐 보관표(Tag)에 기입한 후 짐에 부착한다.)
짐은 하기하실 때 돌려드리겠습니다. 손님도 잊지 마시고 맡기신 물건을 꼭 찾아가시기 바랍니다.

### 4) 유모차

세 변의 합이 115cm를 초과하는 유모차는 탑승 수속 시 또는 탑승구까지 사용할 수 있으며 그후에는 위탁 수하물로 보내야 한다.

접었을 때 100×20×20cm 이내 일자형으로 완전히 접히는 우산형 휴대용 유모차는 기내 반입이 가능하다. 단, 기내에 보관 공간이 부족한 경우 위탁 수하물로 처리할 수 있다. 유모차는 국제선의 경우 도착지 탑승구 앞에서 수취할 수 있으며, 국내선은 도착지 수하물 찾는 곳에서 수취할 수 있다.

대화문 예시

(세 변의 합이 115cm를 초과하는 유모차를 휴대한 승객)
손님, 이 유모차는 크기가 커서 기내에 보관하기가 어렵습니다. 제가 위탁 수하물로

부치실 수 있도록 도와드리겠습니다.
유모차는 탑승구 앞에서 찾으실 수 있습니다. 감사합니다.

---

### 3. 위탁 물품 보관 안내 및 반환 요령

승객으로부터 수하물을 위탁받아 승객의 좌석에서 먼 코트룸이나 다른 선반에 보관한 후 반환하는 경우에 해당한다.

- 부피가 커서 선반에 보관하는 것이 어려워 코트룸에 보관하거나, 선반의 공간이 부족할 경우 다른 선반의 보관함이 있음을 알린다.
- 좌석 번호가 기입된 보관표(Tag)를 승객의 수하물에 부착한다.
- 승객에게 수하물 보관 장소와 위치를 안내하고 항공기가 도착한 후 하기 시 해당 수하물을 반드시 반환받을 것을 안내한다.
- 해당 구역 승무원들에게도 수하물 위탁 정보를 전달하여 공유하도록 한다.
- 착륙 후 하기 시 수하물을 직접 가져다준다.

만일 최초에 보관한 승무원이 반환하기가 어려운 경우에는 수하물이 보관되어 있는 위치의 담당구역 승무원에게 수하물 반환을 부탁한다.

# 잠깐! 점검해 볼까요?

## 01
**수하물 규정**

1. 수하물 규정에 따라 수하물의 종류를 구분하시오.

## 02
**Overhead Bin (수하물 선반) 이해**

1. 수하물의 특성별로 보관 방법을 설명하시오.

## 03
**수하물 보관 및 안내**

1. 수하물의 특성별로 고객에게 응대해 보시오.

2. 위탁 물품 보관 안내 및 반환 요령을 설명하시오.

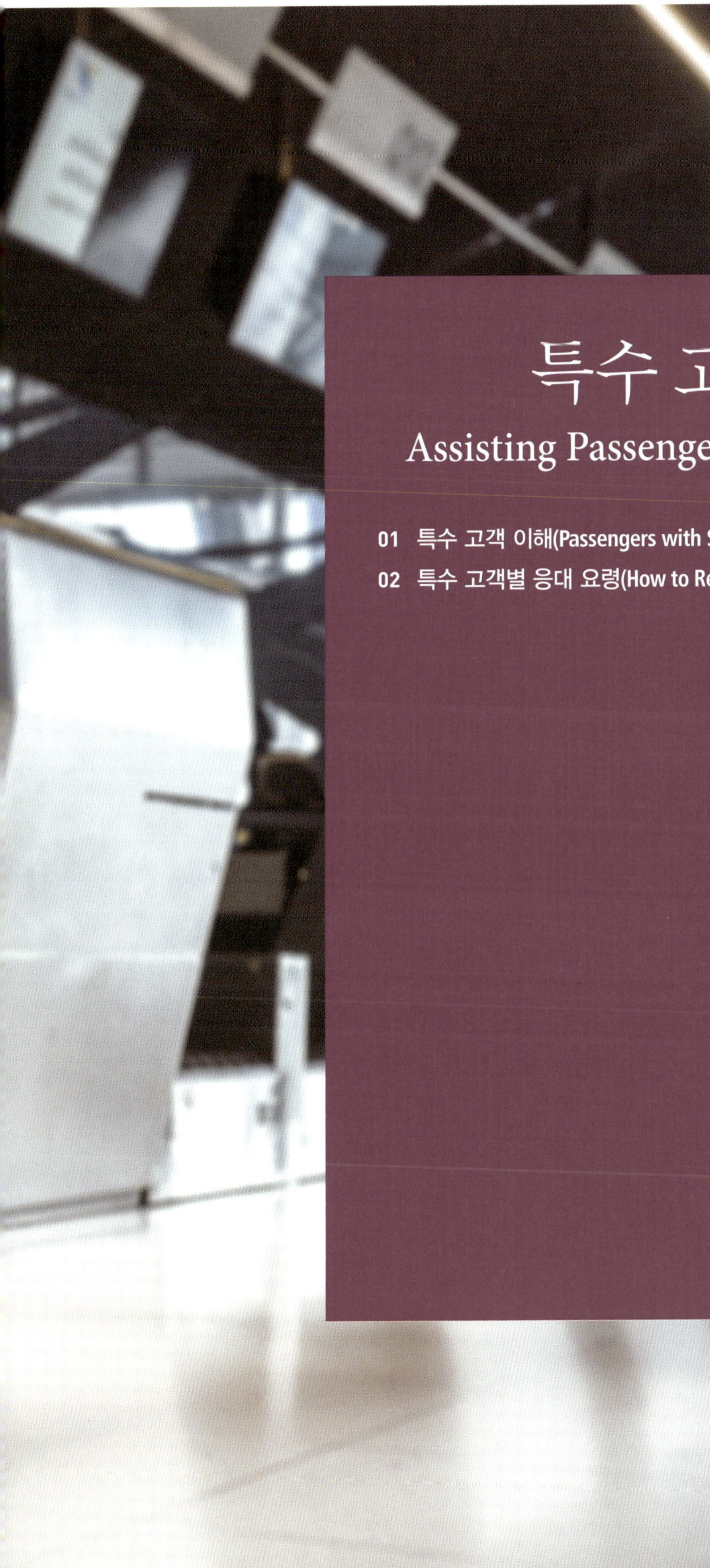

# 특수 고객 지원하기

## Assisting Passengers with Special Needs



8

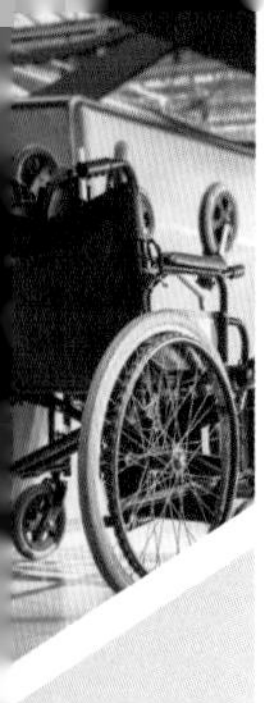



# 01 특수 고객 이해

## Passengers with Special Needs

### 수행 준거

- 객실 서비스 규정에 따라 특수 고객 탑승 여부를 확인할 수 있다.
- 객실 서비스 규정에 따라 특수 고객의 특성에 따른 인사를 하고, 좌석을 안내할 수 있다.

```
************************************************************************
SPECIAL PASSENGER SUMMARY
      F CABIN      CREW      001E
                   ELIP      001A 002A 002E
                   FRES      002A
                   MM        001A
                   MP        002A
                   VOCP      001A
      C CABIN      CHLD      012A 012D 014B
                   ELIP      007E 007H 008J 009D 009E 009H
                   FMLY      010B
                   MP        007H 008J 009E
                   VOCP      007H
      Y CABIN      AVIH      041G
                   BBML      030G
                   BSCT      042F
                   CHLD      028E 030B 031C 032H 032J 033D 034A 034D
                             034J 035H 036H 038B 039G 039J 042B 042J
                             043J 045E 046F 047B 047F 047G 053H
                   CHML      028E 031C 034A 034D 034J 035H 038B 039G
                             039J 042J 045E 046F 047B 047F 047G 053H
                   CREW      041A 046B
                   DEAF      029C
                   FMLY      028D
                   FPML      031E 046A
                   HNML      037E 037F
                   ICML      028D 042F
                   INFT      028D 030G 042F
                   SFML      048J
                   SPMA      039H
                   VGML      041C
                   VLML      032F 048A
                   VOML      033H 033J
                   WCHR      029A 029G 030E 033G 049A 050D 051F
                   WCHS      039E 039F 044E 044F
************************************************************************
```

SSR(SHR)의 하단에 나타난 각종 운송 제한 승객 코드

### 1. 운송 제한 승객이란?

운송 제한 승객(RPA: Restricted Passenger Advice)은 항공기의 안전상 또는 승객의 심신상의 이유로 항공사가 정한 일정 조건에 의해 운송하는 승객을 말하며, 승객 탑승 시점부터 해당 승객 하기 시까지 승무원의 세심한 서비스가 필요한 승객이다. 객실 승무원은 SSR(SHR)을 확인하여 담당구역의 운송 제한 승객을 파악하고 있어야 한다.

## 2. 운송 제한 승객의 유형

### 1) 비동반 소아(UM: Unaccompanied Minor)

성인 동반자 없이 혼자 여행하는 만 5세 이상~만 11세 이하(국내선은 만 13세 미만)의 어린이 승객이다(해당 규정은 항공사마다 상이). 객실 승무원은 보호자 없이 혼자 비행기에 탑승하는 어린이의 불안한 마음을 잘 이해해야 하며, 탑승 시점부터 비행 중과 하기할 때까지 세심한 관심과 도움을 제공한다.

#### 서비스 절차

- 객실 브리핑 시 UM의 담당 승무원 배정
- 담당 승무원은 지상 직원이 객실로 데리고 온 UM을 환영 인사와 함께 좌석까지 안내, 담당 승무원임을 고지
- 짐 보관
- 기내 시설 및 안전 브리핑 실시
- 좌석 벨트 착용법, 화장실 위치 및 사용법, AVOD 사용법, 기내식 등에 대한 정보 제공
- 어린이 선물(Give Away) 제공
- 비행 중 섭취한 기내식 파악 및 입국 서류 작성 도움(UM 편지 작성)
- 비행 중 불편한 점이 없는지 지속적인 관심
- 착륙 전 소지품과 수하물 정리 돕기
- 착륙 후 지상 직원에게 인계
- 지상 직원은 공항에서 대기하고 있는 보호자에게 최종 인계

UM 편지지

어린이 선물(Give Away)

### 2) 스트레처(Stretcher) 환자

기내에서 앉은 자세로 여행할 수 없는 승객으로 여행 중 의사 또는 간호사의 1인 동반이 원칙이나 진단서(INCAD)에 의료진 동행이 불필요하다고 명기되어 있는 경우에는 성인 보호자만으로도 여행 가능하다(챕터 3 사진 참고).

SSR(SHR)상의 코드는 STCR이다.

### 3) 임산부

임산부는 신체, 정서상 민감한 상태이므로 비행 중 승무원의 적극적인 관심과 도움이 필요하다. 담당 승무원은 승객 탑승 시 수하물 보관을 돕고, 해당 승객이 비행 중 불편한 점이 없는지 수시로 확인하는 등 세심한 서비스를 제공한다.

- 임신 32주 미만 : 제한 없이 자유롭게 여행할 수 있다. 단, 임신성 고혈압, 당뇨 등 합병증이 있는 임산부는 탑승 수속 시 의사진단서 및 건강상태 서약서 제출이 필요하다.
- 임신 32~36주 : 탑승 수속 시 건강상태 서약서 제출이 필요하다.
- 임신 37주 이상(다태 임신 시 33주 이상) : 임산부와 태아의 건강을 위해 탑승할 수 없다.

필자는 임산부 승객이 탑승하면 담요 및 베개를 충분히 제공하여 다리와 허리에 무리가 가지 않도록 배려하였다. 승무원의 사소한 관심과 배려가 임산부 승객에게는 큰 위안과 안심을 느끼게 함을 잊어서는 안 된다.

### 4) 유아 동반 승객

생후 7일~만 2세 미만의 유아를 동반한 승객이다. 유아 동반 승객은 짐이 많고, 어린아이와 낯선 환경에서 비행해야 한다는 부담감이 있으므로 객실 승무원은 비행 중 도움이 필요한지 수시로 관심을 가져야 한다. 또 주위 승객도 아기로 인해 불편을 느낄 수 있다. 담당 승무원은 유아 동반 승객을 세심하게 보살펴 해당 승객과 주위 승객 모두를 안심시킬 수 있는 일석이조의 효과를 볼 수 있다.

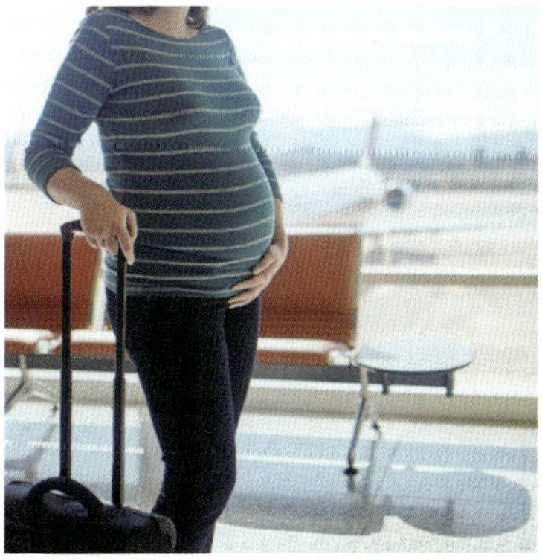

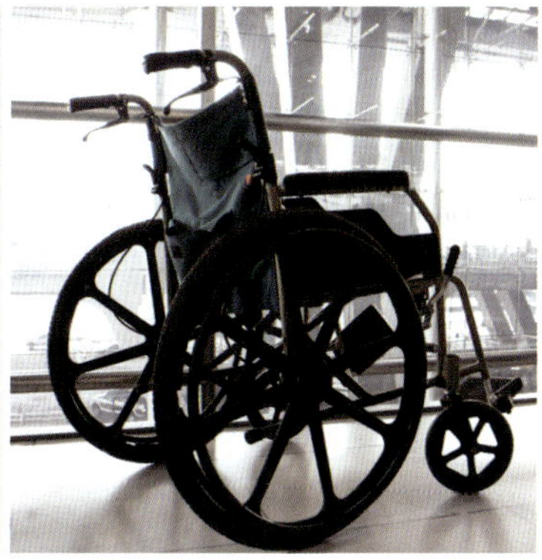

유아용(24개월 미만) 기내식에는 이유식, 유아용 주스, 유아용 아동식 등이 있으며 출발 24시간 전에 예약해야 한다. 또 유아용 시트는 좌석을 점유하는 소아 항공권을 구매한 유아에게 제공하는데 출발 72시간 전에 예약해야 한다.

**참고**

건강하게 태어난 신생아일지라도 체온 조절이 불안정하고 폐 기능이 미숙하여 신체 발달이 미흡하기 때문에 지상과는 다른 기내 환경에 적응하기가 어렵다. 따라서 생후 1주일 미만의 신생아는 가급적 항공 여행에 동반하지 않는 것이 좋으며, 부득이하게 여행해야 할 경우에는 항공사의 사전 승인 절차(Medical Clearance)가 필요하다.

### 5) 휠체어 승객

장애, 질병, 고령 등 신체, 건강상의 이유로 거동이 불편한 고객으로 긴급 사태 발생 시 타인의 도움 없이는 탈출이 곤란한 승객이다. 승객의 편의를 위해 일부 기종의 모든 통로 측 좌석을 우선 배정하며, 일부 기종에서는 팔 받침대가 뒤로 젖히도록 하여 이동을 쉽게 한 장애인 좌석을 운영하므로 이를 안내한다.

SSR(SHR)상의 코드

| | |
|---|---|
| WCOB | Wheelchair for Onboard(객실 탑승 시 필요) |
| WCHC | Wheelchair for Cabin(객실 안에서 이동 시 필요) |
| WCHR | Wheelchair for Ramp(램프 이동 시 필요) |
| WCHS | Wheelchair for Steps(계단 이동 시 필요) |

### 6) 청각장애 승객

승객 탑승 시 좌석을 안내하고 필요에 따라서는 짐을 들어 준다. 승객과 대화를 하거나 주문을 받을 때 너무 큰 목소리로 하여 다른 승객의 이목을 끌지 않도

록 하며, 입 모양을 크고 정확히 하고 천천히 말하여 시각적으로 알아보기 쉽게 한다.

SSR(SHR)상의 코드는 DEAF이다.

© Getty Images Bank

### 7) 시각장애 승객

승객 탑승 시 좌석을 안내하고 필요에 따라서는 짐을 들어 준다. 성인 승객 또는 맹도견이 동반하는 경우는 정상 승객과 동일하게 운송되지만 비동반 시각장애인의 경우는 운송 제한 승객으로 분류된다. 성인 동반자가 없는 경우 담당 승무원은 기내 시설물 사용법, 위치 및 기타 필요한 정보를 안내한다.

SSR(SHR)상의 코드는 BLND이다.

### 8) 무비자 통과 승객(TWOV: Transit without Visa)

중간 기착지 국가의 입국 비자가 없는 통과 승객을 말하며, TWOV 승객의 운송을 허용한 항공사는 제3국으로 출발 시까지 TWOV 승객에 대한 책임을 진다.

### 9) 환자 승객

환자 승객은 건강상태를 항공사에 통보하고 특별한 의료 지원 없이 비행이 가능하며 다른 사람의 건강 및 안전에 위협을 가하지 않는다는 승인을 받아야 한다. 또 항공사는 예약 단계에서 필요 시 전문의가 작성한 정보 기록지(MEDIF: Medical Information Form)나 서약서 작성을 요청할 수 있다.

항공기 탑승 시 우선 탑승 및 하기가 가능하며, 필요 시 구급차나 의료진 대기 등을 요청할 수 있고, 비행 중 간이 침대, 의료용 산소, 휠체어 등을 지원받을 수 있다. 기내에서 휴대용 전자 의료기기(호흡 보조장치 포함)를 사용하려면 사전 고시해야 하고, 안전 운항에 영향을 주는 일부 의료기기는 사용이 제한될 수 있다.

**참고**

장애인 승객을 대할 때는 일반 승객과 동일하게 하며, 지나친 배려는 오히려 승객에게 불쾌감을 줄 수 있음을 인지하도록 한다. 장애인의 인간으로서 권리와 존엄을 준수하는 서비스가 되도록 한다.

### 10) 추방자, 입국 거절 승객

추방자(DEPO: Deportee)는 입국했으나 범죄나 기타 사유로 관계 당국에 의해 강제로 추방된 승객을 말한다. 입국 거절 승객(INAD: Inadmissible)은 사증 미소지, 여권 유효기간 만료, 사증 목적 외 입국 등 입국 자격 결격 사유로 입국이 거절된 승객을 말한다.

사무장은 이들의 여권 및 기타 서류를 보관하고 있다가 목적지에 도착한 후 지상 직원에게 해당 승객과 함께 인계한다.

### 11) VIP, CIP(Very Important Person, Commercial Important Person)

특별한 예우가 요구되는 대내외 귀빈으로, SSR/SHR을 확인하여 승객의 직위에 맞는 정확한 호칭을 사용한다.

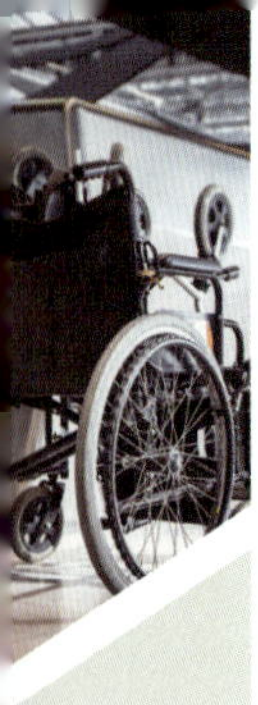



# 02
# 특수 고객별 응대 요령
## How to Respond to Passengers with Special Needs

수행 준거

- 객실 서비스 규정에 따라 특수 고객에게 기내 설비 사용법을 안내할 수 있다.
- 객실 서비스 규정에 따라 특수 고객에 대한 여행 편의를 제공할 수 있다.

### 1. 비동반 소아

- 성인 비동반 소아 승객이 어린이라고 해서 반말을 사용해서는 안 되며 적절한 호칭을 사용한다.
- 비행 중 불편한 점이 없는지 수시로 확인한다.
- 하기할 때는 일반석 승객보다 먼저 하기시키고 지상 직원에게 인계한다.

**승객 하기 순서**

응급 환자 → VIP, CIP → 일등석 승객 → 비즈니스석 승객 → 비동반 소아(UM) → 일반석 승객 → 운송 제한 승객 → 스트레처(Stretcher) 승객

### 2. 스트레처(Stretcher) 환자

- 승객의 프라이버시를 위해 커튼을 달아 보호한다.
- 담당 승무원은 비행 중 불편한 점이 없는지 수시로 살핀다.

화장실 기저귀 교환대

## 3. 임산부

- 승객 탑승 시 담당 승무원임을 밝히며 환영 인사를 한다.
- 승객의 수하물 보관을 적극 돕는다.
- 여분의 베개나 담요로 허리 뒤를 받치게 하거나, 비행 중 혈액순환을 위해 가끔씩 객실 순회를 하도록 한다.

## 4. 유아 동반 승객

- 승객이 탑승하면 가지고 있는 짐을 받아 짐 정리를 도우며, 기저귀 교환대가 있는 화장실을 안내한다.
- 승객이 아기에게 수유를 하거나, 식사를 하고, 화장실에 갈 때 도움이 필요하면 적극 돕는다.
- 입국 서류 작성을 돕는다.
- Bassinet(아기요람) 설치가 필요한 경우, 안전의 이유로 이륙 후 설치해야 한다고 설명한다.
- 주변 승객에게 필요시 귀마개(Ear Plug)를 제공한다.

## 5. 휠체어 승객

- 휠체어 승객은 일반 승객보다 먼저 탑승하고 제일 마지막에 하기한다. 단 스

트레처 승객이 있는 경우는 스트레처 승객이 마지막에 하기한다.

- 승객 탑승 시 승객이 원하는 부축 방법을 물어본다. 승무원이 임의로 판단하여 부축하거나 업지 않는다.
- 담당 승무원임을 소개한다.
- 화장실 이동 시 On Board Wheelchair 사용이 가능함을 고지한다.
- 착륙 전 수하물 정리를 돕는다.
- 착륙 후, 승무원 안내가 있을 때까지 자리에 대기하도록 안내한다.

## 6. 청각장애 승객

- 비행 중 필요한 각종 정보 제공(기내 방송, 기내 비디오 사용법, 화장실 위치, 기내식 종류, 승무원 호출방법 등) 시 수화나 글, 그림, 입 모양으로 설명한다.
- 승객과 대화할 때 얼굴을 너무 가까이 하지 않는다.
- 비행 중 불편한 점이 없는지 수시로 확인한다.

## 7. 시각장애 승객

- 승객을 안내할 경우 승무원의 팔을 시각장애 승객이 잡도록 하고, 승무원이 승객의 한 보 앞에서 안내한다.
- 시각장애 승객의 신체를 접촉할 때는 미리 알려야 한다.
- 성인 동반자가 없는 경우 담당 승무원은 기내 시설물 사용법, 위치 및 기타 필요한 정보를 안내한다.
- 비행 중 불편한 점이 없는지 수시로 살핀다.
- 식사 서비스 시 기내식에 관한 내용을 설명하고 필요 시 돕는다.
- 예약 시 안내견 동반에 대한 사전 정보를 제공하고, 시각장애 승객이 관련 서류를 제출하도록 안내한다.
- 비행 중 안내견은 목줄을 매야 하며, 승객의 곁에 있어야 한다. 기내 위생 및 보건 상태를 해치지 않도록 안내견 보호자가 배변을 책임진다.
- 입국 서류 작성을 돕는다.
- 착륙 전에 도착 시간, 날씨 및 연결편 등을 안내한다.

• 하기 시 승객의 수하물 정리를 돕는다.

미국행 항공기 장애인 차별 금지 조항

| | |
|---|---|
| 탑승 전 | • 안전 운항에 직접적인 위협을 주지 않는 한 승객 탑승을 거절할 수 없다.<br>• 안전한 여행이 의심스러운 경우 기장이나 운송 직원과 협의한다.<br>• 장애인 승객 탑승 시 운송 직원으로부터 승객 정보를 최대한 확보한다. |
| 탑승 시 | • 가급적 승객 본인에게 말을 건네며 어떤 도움이 필요한지 파악한다.<br>• 승객이 요청하지 않은 사항을 자의적으로 판단하여 제공하지 않는다.<br>• 좌석 안내 등 도움을 제공하지만 업거나 들어 옮기지 않는다. |
| 이륙 전 | • 전달받을 수 없는 안전 관련 사항에 대해 개별 브리핑을 실시한다.<br>• 개별 브리핑 시 주위 시선을 끌지 않도록 하며 이해 여부를 묻지 않는다.<br>• 가까운 비상구 및 탈출을 시작하는 시점에 대한 안내를 실시한다. |
| 하기 시 | • 장애인 승객이 차별 관련 불만을 제기할 경우 공항에 배치되어 있는 운송 직원에게 인계한다. |

## 8. 무비자 통과 승객(TWOV: Transit Without Visa)

• TWOV 승객의 입국에 필요한 여권 및 서류는 해당 비행편의 사무장이 보관한다.

• 목적지에 도착하면 해당 여권 및 서류를 지상 직원에게 인계한다.

## 9. 환자 승객

• 비행 중 담당 승무원은 환자 승객의 건강 상태를 점검하고, 의사의 도움이 필요한 경우 기내 탑승 의료인 및 응급 의료 콜 시스템(EMCS)의 협조를 구한다.

• 기내 응급 처치 장비(FAK, EMK)의 위치와 사용법을 숙지하고 필요 시 활용한다.

## 10. 추방자, 입국 거절 승객

• 일반 승객과 차별하거나 범죄자를 보는 듯한 시선을 삼간다.

• 일반 승객과 동일한 서비스를 제공한다.

## 11. VIP, CIP(Very Important Person, Commercial Important Person)

• 정확한 직위 및 호칭을 사용한다.
• 지나친 배려로 주위 승객이 소외감을 느끼거나 거부감이 들지 않도록 한다.
• 일반 승객보다 먼저 하기시킨다.

# 잠깐! 점검해 볼까요?

## 01 특수 고객 이해

1. SSR(SHR)을 보고 승객 코드를 이해하시오.

## 02 특수 고객별 응대 요령

1. 특수 고객의 특성에 맞게 인사해 보시오.
   ① 비동반 소아
   ② 유아 동반 승객
   ③ 휠체어 승객
   ④ VIP 승객

2. 유아 동반 승객에게 유아용 요람 설치를 안내하시오.

3. 시각장애 승객을 좌석까지 안내하시오.

4. 청각장애 승객에게 화장실을 안내하시오.

QATAR
AIRWAYS القطرية
स्वागत
Willkommen
欢迎使用
Bienvenido
Welcome مرحبا
Bienvenue
المس الشاشة لتبدأ

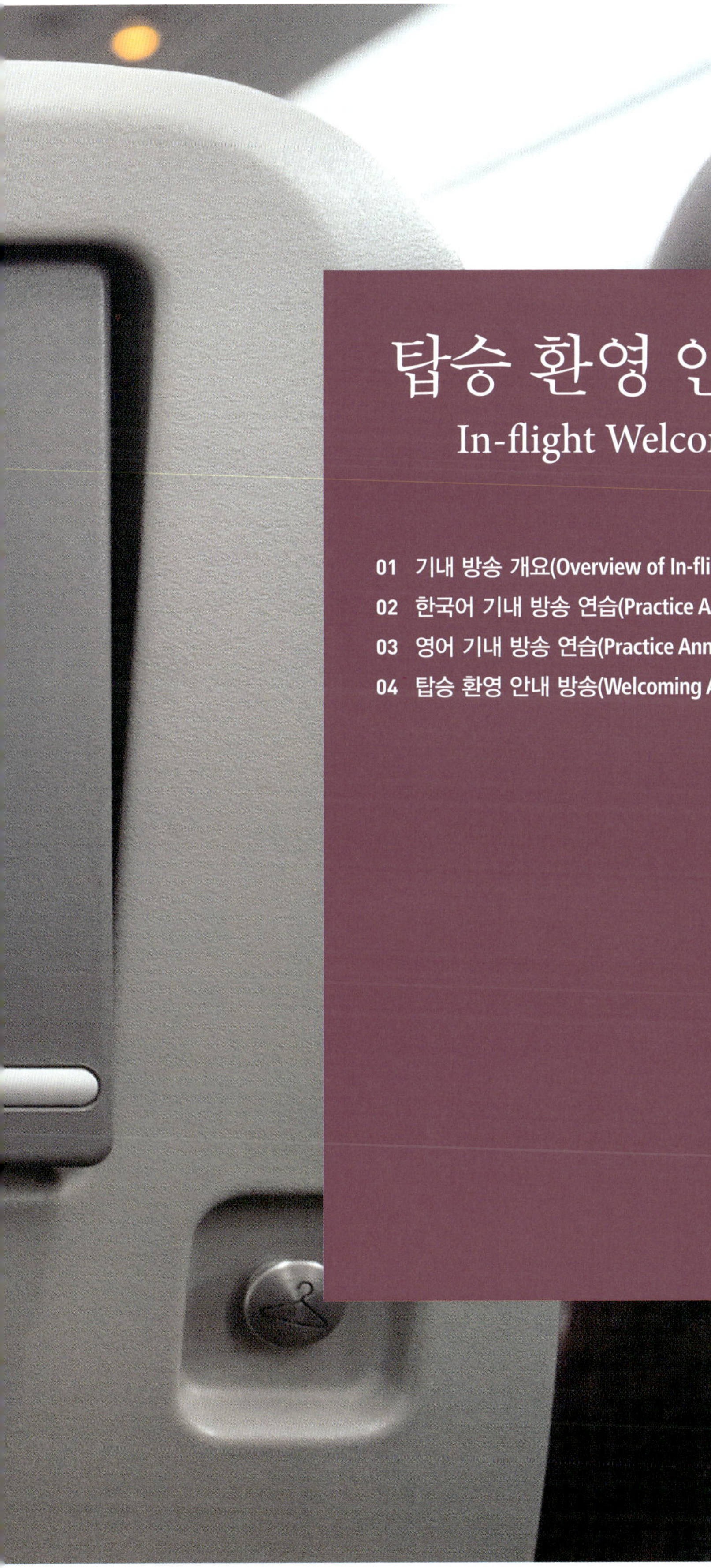

# 탑승 환영 안내 방송하기
## In-flight Welcoming Announcement



9

# 01

# 기내 방송 개요

Overview of In-flight Announcement

**수행 준거**

객실 서비스 규정에 따라 방송에 필요한 정보를 파악할 수 있다.

## 1. 기내 방송 개요

### 1) 기내 방송이란?

기내 방송(PA: Public Address, Passenger Announcement)은 승객에게 비행 중 여행에 필요한 정보를 전달하는 서비스로서의 기능을 제공하는 한편, 비행안전 사항에 대해 승객을 효율적으로 통제함으로써 승객의 안락하고 안전한 여행을 보장하기 위해 실시한다.

또 비정상 상황 발생 시 효과적인 정보 전달 수단으로 활용하며, 상황과 여건에 따라 신속한 상황 판단 및 대처 능력을 발휘하여 정확하고 적절한 방송을 실시함으로써 승객의 불안감이나 항공기 비정상 상황에 대한 궁금증을 해소시키고, 승객의 알고자 하는 욕구를 충족시키는 데 목적이 있다.

### 2) 기내 방송 자격

기내 방송은 해당 항공사에서 실시하는 기내 방송 자격시험에 응시하여 방송 자격을 취득한 자만이 실시할 수 있다.

항공사마다 규정은 다르지만 보통은 해당 비행편의 최상위 자격 승무원이 담당하게 되며 방송 사고에 대한 일차적인 책임은 방송을 실시한 담당 승무원에게 있으므로 책임감을 가지고 기내 방송이 잘 진행될 수 있도록 평소 꾸준히 연습해야 한다.

### 3) 기내 방송 종류

기내 방송의 종류로는 운항 승무원 방송과 객실 승무원이 직접 본인의 음성으로 실시하는 기내 방송과 사전에 녹음된 상태로 기내에 장착되어 필요 시 사용할 수 있는 Pre-Recorded Announcement가 있다. 객실 승무원의 방송은 다시 정규 방송과 비정상 상황 시 방송으로 구분되며, 정규 방송은 사무장 방송과 방송 담당자 방송(일반 방송)으로 세분된다.

### 4) 기내 방송 우선순위

방송의 중요도에 따라 승객에게 노출되는 기내 방송의 우선순위가 정해져 있다. 이는 기내 설비 시스템에 따라 자동으로 통제된다.

우선순위는 조종실 PA → 객실 PA → PRAM(Pre-Recorded Announcement) → 비디오/오디오 시스템 → 보딩 뮤직 순이다. 예를 들어 객실에서 방송을 하고 있더라도, 기장이 조종실에서 방송을 실시한다면 객실 방송이 중단되고 객실에는 기장 방송만 들리게 된다.

## 2. 기내 방송 시 유의점

- 자연스러운 방송이 될 수 있도록 담당 객실 승무원은 발음, 억양, 톤, 속도, 음량에 유의하며 방송문을 잘 이해하고 암기하여 잘 읽을 수 있도록 한다.
- 기내 방송도 서비스의 일부분임을 인식하고 전 노선의 모든 방송을 성심 성의껏 방송한다.

- 필요한 경우 방송 매뉴얼에 수록된 방송 문안을 기본으로 활용하여 적절한 방송을 실시한다. 그러나 너무 장황한 느낌을 주거나 예의에 벗어난 단어의 선택, 어색한 문구는 피한다.
- 기종별로 방송 시스템과 마이크 감도와 음량이 다르므로 기내 방송은 비행 전 점검 시 '기내 방송 테스트'를 반드시 실시하여 볼륨이나 잡음 발생 등을 미리 점검하며, 이륙 후에도 기내 방송 상태를 수시로 점검하여 안정적인 방송이 되도록 한다.

**모니터링 기내 방송 예문**

승무원 여러분,
기내 방송 상태를 점검하기 위한 PA 모니터링 방송입니다.
이 비행기는 ○○○○까지 가는 / ○○항공 ○○○편입니다.
감사합니다.
모니터링 결과를 알려주시기 바랍니다.

Ladies and gentlemen,
captain [family name] and the entire crew,
flight time/ is/ thirteen minutes/ after take off.
Our cabin crew will be happy to serve you in any way we can.

- 마이크와 입술의 거리는 2cm 내외로 하고 송화기에 입술 정면에 오도록 하여 파열음이 나지 않도록 유의하며, 음량 및 명료도가 좋은 상태가 되도록 유지한다.
- 밝게 미소 띤 표정으로 방송해야 밝고 기분 좋은 음성을 연출할 수 있으며, 발음은 정확하게, 특히 띄어 읽기와 강조해 읽기 부분을 구분하여 방송한다.
- 적당한 Pause를 유지하며 동일한 억양이 반복되지 않도록 어미 부분에 변화를 주어 방송하되 멋 부리기 식의 독특한 억양이 되지 않도록 주의한다.
- 외국어 방송은 더욱 또박또박 차분히 방송하여 의미가 잘 전달되도록 한다.
- 일반 방송은 친근하고 여유 있게 하고, 안전 관련 방송은 단호하면서도 정중한 느낌이 들도록 연출한다.
- 기내 상황에 대한 이해, 판단 능력이 필요하며 적절한 상황에 필요한 방송을 즉시 실시할 수 있도록 방송문의 구성을 숙지하고 있어야 한다.

## 3. 노선별 언어 순서

| 노선 | 기내 방송 언어 순서 |
|---|---|
| 국내선 | 한국어-영어 |
| 한일 노선 | 한국어-영어-일본어 |
| 한중 노선 | 한국어-영어-중국어 |
| 미주 노선, 동남아 노선 및 기타 노선 | 한국어-영어-현지어 |

## 4. 편수 읽기

### 1) 한국어

숫자를 한 자리 단위로 끊어서 읽으며 '0'은 '공'으로 읽는다.

예) • 234편 : 이삼사편(○), 이백삼십사편(×)
- 605편 : 육공오편(○), 육백오편(×)
- 001편 : 공공일편(○), 영영일편(×)

### 2) 영어

한국어와 마찬가지로 숫자를 한 자리 단위로 끊어서 읽으며 '0'은 'zero'로 읽는다. 단, '0'이 중간에 있는 편수는 0을 'ou'로 읽어도 무방하다.

예) • 234편 : two three four(○), two hundred thirty four(×)
- 605편 : six zero five(○), six hundred five(×)
- 001편 : zero zero one(○), ou ou one(×)

## 5. 시간 읽기

- 시간과 분을 구분하여 읽는다.
- 30분, 15분, 45분을 a half, a quarter past 등으로 읽지 않는다.
- 12시 단위로 표현한다(24시 단위로 표현하지 않음).
- 12시를 제외한 매 시 정각은 o'clock을 넣어 읽는다.
- 1분부터 9분까지는 반드시 'O[ou]'를 넣어 읽는다.

| 시간 | 읽는 법 |
|---|---|
| 낮 12:00 | twelve noon |
| 낮 12:05 | twelve o five p.m. |
| 밤 12:00 | twelve midnight |
| 밤 12:03 | twelve o three a.m. |
| 오후 06:00 | six o'clock p.m. |
| 오전 02:00 | two o'clock a.m. |
| 오전 03:08 | three o eight a.m. |
| 오후 15:25 | three twenty-five p.m. |

## 6. 공항명 읽기

국제선+국내선 모두 '지역명+공항 공식 명칭' 순으로 표현한다. 단, '인천'과 같이 지역명이 공항명과 중복되는 경우 '인천국제공항'으로 표현한다.

| 지역명 | 공항명 | 읽는 법(한국어) | 읽는 법(영어) | 비고 |
|---|---|---|---|---|
| 인천 | 인천국제공항 | 인천국제공항 | Incheon International Airport | 지역명 공항명 중복 |
| 제주 | 제주국제공항 | 제주국제공항 | Cheju International Airport | 지역명 공항명 중복 |
| 나리타 (일본) | 나리타국제공항 | 도쿄 나리타 국제공항 | Tokyo Narita International Airport | 지역명+ 공항명 |
| 로스앤젤레스 (미국) | 로스앤젤레스 국제공항 | 로스앤젤레스 국제공항 | Los Angeles International Airport | 지역명 공항명 중복 |
| 시카고 (미국) | 오헤어국제공항 | 시카고 오헤어 국제공항 | Chicago O'hare International Airport | 지역명+ 공항명 |
| 싱가포르 | 창이국제공항 | 싱가포르 창이 국제공항 | Singapore Changi International Airport | 지역명+ 공항명 |
| 런던(영국) | 히드로국제공항 | 런던 히드로 국제공항 | London Heathrow International Airport | 지역명+ 공항명 |

# 02

# 한국어 기내 방송 연습

## Practice Announcement in Korean

발음을 분명하고 정확하게 하기 위해서는 혀와 입술 그리고 턱의 움직임이 부드러워야 한다. 입술, 치아, 잇몸, 혀, 입천장 등의 조음기관 또는 음성기관이 발음을 하는 데 중요한 역할을 하기 때문이다.

한국어 기내 방송을 잘 하기 위해서는 정확한 발음, 억양과 악센트, 띄어 읽기, 크기, 속도를 유의하며 방송한다.

### 1. 발음 연습

| 올바른 발음 | | |
|---|---|---|
| 좌석 → 자석(×) | 기류 변화 → 기류 변하(×) | 화장실 → 하장실(×) |
| 확인 → 학인(×) | 최선 → 채선(×) | 휴대전화 → 휴대저나(×) |
| 보관 → 보간(×) | 변화 → 변하(×) | 전원 → 전언(×) |
| 제공되는 → 제공대는(×) | 죄송 → 재송(×) | 지정된 → 지정댄(×) |

| '의'의 발음 | |
|---|---|
| '의'가 맨 앞에 오는 경우 → '으이'로 발음 | 의사, 의리, 의문, 의자, 의심, 의논 |
| '의'가 단어의 중간이나 맨 끝에 위치할 때 → '이'로 발음 | 협의, 문의사항, 회의, 편의점, 주의사항, 유의하시기, 문의, 강의 |
| '의'가 단어와 단어 사이에 조사로 위치할 때 → '에'로 발음 | 승무원의 안내<br>선반 위의<br>승객 여러분의 탑승<br>비행기의<br>전염병의<br>세관의<br>검역 기관의 |

| 장음 연습 | | | |
|---|---|---|---|
| 보:관 | 언:제든지 | 전:자제:품 | 품:질 |
| 사:용 | 계:속해서 | 면:세품 | 항:공법 |
| 감:사합니다 | 유:의해 주십시오 | 좌:석 벨트를<br>매:주시고 | 오:전, 오:후 |
| 세:관 신고서 | 금:연이오니 | 최:선 | 전:원 |
| 여:실 때는 | 이:용 | 조:심 | 예:정하고 있으며 |

| 연음 연습 | |
|---|---|
| 검역 → 거멱 | 앉아 → 안자 |
| 열어 두시기 → 여러 두시기 | 부득이 → 부드기 |
| 착용해 주시고 → 차공해 주시고 | 넋이 → 넉씨 |
| 밭에 → 바테 | 반입 → 바닙 |
| 없어 → 업써 | 값을 → 갑쓸 |

## 2. 억양과 악센트 연습

기내 방송을 보다 편안하고 듣기 좋게 하기 위해서는 자연스러우면서도 리드미컬한 억양과 강세가 필요하다. 그러기 위해서는 어미를 자연스럽게 변화시킬 수 있는 스킬이 필요하다.

예) 손님 여러분, (↗) 또는 (↘)
이 비행기는(→) 런던까지 가는(↗) 별님항공(→) 123편입니다.(↘)

모든 어미를 올리거나 내리는 등의 반복적인 억양은 듣는 이에게 지루함과 딱딱한 느낌을 줄 수 있으므로 자연스럽게 들리도록 어미를 연출하기 위한 연습을 한다. 특히 '~다'로 끝나는 종결어미는 유성음을 내면서 살짝 내려놓는 듯한 부드러운 하강 억양으로 안정감 있게 마무리한다.

강조해야 하는 부분(공항명, 편수 등의 정보)에서는 조금 더 강세를 두어 또박또박 천천히 읽음으로써 전달력을 높인다.

## 3. 크기와 속도 연습

앞에 언급한 바와 같이 기내 방송에 앞서 마이크의 음량 테스트는 필수이다. 기내 방송은 승객에게 정확한 정보 전달을 목적으로 하기 때문에, 아무리 훌륭한 방송이라도 듣기 불편할 정도의 큰 볼륨이거나 잘 들리지 않을 정도의 작은 볼륨 상태라면 좋은 방송이라 할 수 없다.

또 방송의 속도가 너무 빠른 경우에는 알아듣기 어려울 뿐 아니라 긴장한 듯한 느낌을 줄 수 있고 반대로 성의 없는 방송으로 느껴질 수 있다. 반면에 지나치게 느린 방송은 무기력하고 지루하며 다소 답답한 느낌을 줄 수 있으므로 적절한 속도를 유지해야 한다.

# 03

# 영어 기내 방송 연습

## Practice Announcement in English

외국인을 대상으로 하는 방송이므로 발음을 굴려 부자연스럽게 하기보다는 천천히 정확한 발음과 악센트로 하는 것이 좋다. 특히 'R'과 'L' 'B'와 'V' 'P'와 'F' 그리고 'TH' 발음에 유의하여 방송한다.

### 1. 발음

#### 1) 'R'과 'L'

'R'은 혀가 입천장에 닫지 않도록 입천장의 뒤쪽으로 말듯이 발음한다.

recommend, during, refer, turbulence, refrain, right, remain, cooperation, morning, crew, recheck, return, remind, restrictions, ready, area, arrival, approaching, aircraft

'L'은 'L'이 앞에 있을 경우 혀끝이 윗니에 닿게 하고, 'L'이 뒤에 오는 경우에는 혀끝이 윗니 뒤쪽 윗잇몸에 닿지 않은 상태로 발음한다.

ladies, landing, liquid, flight, please, leave, meal, until, all, call, gel, close, located, limited

#### 2) 'B'와 'V'

'V'는 아랫입술에 윗니를 대고 바람을 세게 내보내는 소리이다.

video, arrival, overhead bins, have, lavatories, prevent, provide, devices, life vest, cover

### 3) 'P'와 'F'

'P'는 윗입술과 아랫입술을 붙여서 안쪽으로 약간 힘을 준 후 다시 입술을 벌리면서 숨을 내보내 소리 낸다.

please, open, hope, pull, push, put, passenger, position, preperation, pocket, point, appreciated

'F'는 윗니로 아랫입술을 살짝 물고 숨을 불어내며 소리 낸다.

flight, fastened, life vest, information, features, aircraft, few, for, after, refer, offering, comfort, refrain, safety

### 4) 'TH'

'TH' 발음은 두 가지 소리, 즉 무성음인 [θ]와 유성음인 [ð]로 구분된다.

[θ]는 혀를 윗니와 아랫니 사이에 혀끝이 밖으로 살짝 나오도록 놓고, 숨을 내보내며 '드-' 하는 동시에 혀를 안쪽으로 넣으며 발음한다.

[ð]는 혀를 윗니와 아랫니 사이에 두고 혀끝을 입술 밖으로 나오게 한 후, 윗니와 혀 사이로 호흡이 빠져나오는 순간 혀를 안쪽으로 넣으면서 성대에 진동을 주어 '드-' 하며 떨리는 음으로 발음한다.

| [θ] | [ð] |
|---|---|
| thank you | the |
| mouth | this/that |
| third | with |
| though | there |
| month | other |

## 2. 연음

두 단어에서 앞 단어의 끝과 뒤 단어의 첫 마디에서 두 자음이 만나면 앞 자음은 생략되고 뒤 자음 하나만 발음한다.

두 단어에서 앞 단어의 끝이 자음, 뒤 단어의 첫 마디가 모음인 경우에는 연결해서 발음한다.

| 자음+자음 | 자음+모음 |
|---|---|
| must⌒be | fill⌒out |
| next⌒time | take⌒your |
| ask⌒you | keep⌒your |
| seat⌒belt | with⌒us |
| proceed⌒to | in front⌒of |
| bus⌒stop | turn⌒off |
| with⌒the aircraft | take⌒off |
| please⌒stow | assist⌒you |
| required⌒to | ask⌒you |

## 3. 핸드셋(PA) 사용법

### 1) 에어버스사의 항공기 PA 사용법

- 핸드셋을 꺼내 [PTT] 버튼을 누른 채로 방송을 실시한다.
- 리셋하려면 [Reset] 버튼을 누르거나 원위치에 넣는다.

**Zone별 PA 사용법**

- PA + 1 + PTT : ZONE 1(F/R CL)에만 PA 가능
- PA + 2 + PTT : ZONE 2(P/R CL)에만 PA 가능
- PA + 3 + PTT : E/Y에만 PA 가능
- PA + ALL + PTT : 모든 Zone에 PA 가능
- PTT : 모든 Zone에 PA 가능

### 2) 보잉사의 항공기 PA 사용법

- 핸드셋을 꺼내 해당 PA 번호를 누른다. (B737기종 : 8번, B747 기종, B777 기종 : 46번)
- 핸드셋 하단의 [PTT](Push to Talk) 버튼을 누른 채로 방송을 실시한다.
- 리셋하려면 [Reset] 버튼을 누르거나 원위치에 넣는다.

# 04
# 탑승 환영 안내 방송
## Welcoming Announcement

**수행 준거**

- 객실 서비스 규정에 따라 탑승 환영 안내에 필요한 언어를 구사할 수 있다.
- 객실 서비스 규정에 따라 탑승 환영 안내 방송에 필요한 표준어를 사용할 수 있다.

## 1. 기내 방송 절차

기내 방송은 운항 절차 및 서비스 진행에 따라 실시하게 된다. 방송 담당 승무원은 전체적인 방송의 흐름을 이해하고 있어야 적시에 알맞은 방송을 실시할 수 있으므로 아래의 표를 잘 숙지하도록 한다.

이륙 전에 실시하게 되는 방송은 Preparation for Departure, Welcome, Safety Demonstration 등으로 구분되며, 다시 사무장이 실시하는 방송과 방송 담당자가 실시하는 방송으로 구분된다.

다음 표는 방송 담당자가 실시하는 방송문이다. 특히 Welcome 방송은 승객의 탑승을 환영하는 방송이므로 더욱 성의 있고, 밝은 목소리를 연출하도록 연습한다.

| | | |
|---|---|---|
| 운항 절차 | 이륙 전 | Preparation for Departure / Welcome / Safety Demonstration |
| | 이륙 | Take Off |
| | 정상고도 시작 | Seatbelt Sign Off |
| | 비행 중 | Turbulence / Entry Documents / In Flight Sales / Station Regulations |
| | 하강 | Approaching / Landing |
| | 착륙 후 | Farewell |

## 2. 방송 연습

### 1) Preparation for Departure

모든 승객이 탑승을 완료하고 운항에 필요한 서류를 비롯해 기내식 등의 물품 탑재 여부에 이상이 없을 경우 사무장이 실시하는 방송이다. 보통 항공기 출발 5분 전에 실시한다.

**방송 예시**

손님 여러분, (○○를 거쳐) (도시)까지 가는 ○○항:공 ○○편,/ 곧 출발하겠습니다. 기내에서 승무원의 업무를 방해하는 행위, 전:자 담:배를 포함한 흡연, 전:자기기 사용 기준 위반은/ 항:공보:안법에 따라 금:지돼 있습니다. 감:사합니다.

Ladies⌒and gentlemen,
this is ○○ flight/ ○○ bound⌒for (도시) (via ○○). We will be departing shortly.
Aviation Security laws prohibit smoking, disturbing crewmembers,/ and using non-approved electronic devices during the flight.
Thank⌒you for your cooperation.

- 장음에 주의하면서 방송한다.
  [항:공] [전:자] [담:배] [전:자] [항:공] [보:안] [금:지돼] [감:사]
- 모음의 음가를 정확히 발음한다.
  행위, 금지돼, 위반
- 손님, 출발, 편 등은 받침의 음가가 정확히 들리도록 발음한다.
- 정보 전달이 중요한 방송이므로 편명과 목적지를 강조하여 방송한다.

### 2) Welcome

항공기 Door가 닫히고 Safety Check를 한 후, 모든 승무원이 각자 담당구역의 승객 앞에 대기하면 방송 담당자는 Welcome 방송을 실시한다. 환영의 뜻을 담은 방송인 만큼 밝고 정성스럽게 방송한다.

방송 예시

손님 여러분, 안녕하십니까.

저희 (　)항공은/ 여러분의 탑승을 진심으로 환영합니다. 이 비행기는/
[저히]　[항:공]

_____까지 가는/_____항공 _____편입니다.

목적지인(중간 도착지인) _____까지 예정된 비행시간은/ 이륙 후 _____시간
[예:정]　[이:룩]

_____분입니다.

오늘 _____기장을 비롯한 저희 승무원들은/ 여러분을 정성껏 모시겠습니다.
[저히]

출발을 위해/ 좌석 벨트를 매 주시고/ 등받이와 테이블을 제자리로 해 주십시오.
[매:]　[등바지]　[해:]

그리고 휴대전화 등 전자기기는/ 무선통신 기능이 꺼진 상태에서 사용하실
[전:화]　[전:자기기]

수 있으며,/ 노트북 등 큰 전자기기는/ 좌석 하단 또는 기내 선반에
[전:자기기]　[좌:석] [하:단]

보관해 주시기 바랍니다.
[보:관]

비행 중 여러분의 안전을 담당하는 안전요원인/ 승무원의 지시에 협조해 주시기 바라며,/ 계속해서 기내 안전에 관해 안내해 드리겠습니다.
[계:소캐서]　[안:내]

잠시 화면(승무원)을 주목해 주시기 바랍니다.
[잠:시] [화:면]　[주:목]

Good morning(afternoon/evening), ladies⌒and gentlemen./

Captain (family name) and the entire crew/ are pleased⌒to welcome⌒aboard (항공사명).

This is flight _____, bound⌒for ____(via ___).

Our flight time to _____today/ will be ____hour(s) and ___minute(s)./

During the flight,/ our cabin crew will be happy to serve⌒you/ in any way we can./

To prepare for departure,/ please fasten your seatbelt/ and return your seat/ and tray table to the upright position./ You are allowed⌒to use your electronic devices during the flight/ as long as they are set to flight mode./ However,/ larger devices such as laptop computers/ must⌒be stored under your seat/ or in the overhead bins during take off and landing./

Please fully cooperate with cabin crew/ who act⌒as safety officers during the flight./

And for your safety,/ please direct⌒your attention for⌒a few miuntes/ to the video screens (/ cabin crew) for safety information./

- 장음에 유의하면서 방송한다.
- 항공, 환영, 양해해의 [ㅎ] 음가에 주의하여 발음한다.
- 정보 전달을 위한 목적지, 비행시간 등은 강조하여 방송한다.

### 3) Safety Demonstration

**방송 예시**

계속해서 (지금부터) 이 비행기의 비상구 위치와/ 비상장비 사용법에 대해 안내해 드리겠습니다. 잠시 주목해 주시기 바랍니다.
[안:내] [잠:시] [주:목]

이 비행기의 비상구는 모두 ___개로 좌, 우에 각각 있습니다.
[비:상구]

좌석 벨트 사인이 켜지면 좌석 벨트를 매 주십시오.
[좌:석] [좌:석]

벨트는 버클을 끼워 허리 아래로 내려서 조여 주시고/ 풀 때는 덮개를
[덥:깨]

들어 올리면 됩니다.
산소 마스크는 선반 속에 있으며/ 산소 공급이 필요한 비상시에 저절로 내려옵니다.
[쏘:게]

마스크가 내려오면 앞으로 잡아당겨 코와 입에 대시고/ 끈으로 머리에 고정해 주십시오.
도움이 필요한 동반자가 있을 때는/ 먼저 착용하신 후 도와주시기 바랍니다.
여러분의 좌석(또는 팔걸이) 아래에 있는 구명복은/ 비행기가 바다에 내렸을 경우
[좌:석]

사용하시게 됩니다. 착용할 때는 머리 위에서부터 입으시고, 양팔을 끼운 다음/ 끈을 아래로 당기십시오.
노란색 손잡이를 양 옆으로 잡아당겨 몸에 맞도록 조절해 주십시오.
구명복은 기내에서 부풀지 않도록 유의해 주시고/ 부풀릴 때는 탈출 직전 비상구 앞에서 붉은색 손잡이를 당기시면 됩니다.
충분히 부풀지 않을 때는 양쪽의 고무관을 힘껏 불어 주십시오.
보다 자세한 사항은 앞좌석 주머니에 있는 안내문을 참고하시기 바랍니다.
[좌:석]

아울러 안내문에 설명된 바와 같이/ 항공기 내에서의 흡연은 엄격히 금지되어
[금:지]

있음을 알려 드립니다. 감사합니다.
[감:사]

Ladies⁀and gentlmen./

We will now show you the safety features⁀of this⁀aircraft/.

Please direct⁀your⁀attention for⁀a few minutes/ to the cabin for safety information./

There⁀are __emergency exits on both⁀sides⁀of the aircraft./

When the seat belt sign⁀is⁀on./ please fasten your seat belt./

To fasten the seat belt./ insert⁀the link into the main

buckle/ and tighten the strap across⁀your hips⁀securely./ To release the seat belt./

raise the flap⁀of the buckle./

Your oxygen mask⁀is in the overhead compartment/ and it will drop automatically

when needed./

When the mask⁀appears./ pull the mask toward you./ and cover your nose⁀and

mouth./ then adjust⁀the elastic head band./

Please put⁀your mask⁀on first./ and⁀then help somebody who may need⁀your

assistance.

Your life⁀vest⁀is located under your seat (or beside your seat).

To put the vest⁀on./ slip⁀it over your head./ then adjust⁀the straps around⁀your

waist.

To inflate⁀the vest./ pull the red⁀tabs down/ in front⁀of⁀an exit door/just before

leaving the aircraft.

You can also inflate⁀it/ by blowing into the tubes./

For further information./ please refer to the safety information card in your seat pocket.

Also./ we'd like to remind⁀you/ that smoking is strictly prohibited during the flight.

---

- 좌우, 좌석, 좌석 벨트를 자우, 자석, 자석 벨트로 발음하지 않는다.
- 장착된을 장착덴, 고무관을 고무간으로 발음하지 않는다.
- 금지돼가 금지데로 들리지 않도록 한다.
- in the overhead, leaving the aircraft[인 디 오버헤드빈] [리빙 디 에어크래프트] 처럼, 'the'를 [더]로 발음하지 않는다.
- 연음에 주의하여 발음한다.

## 4) Take off

기장의 이륙 사인이 나오면 사무장이 실시한다.

방송 예시

손님 여러분,

우리 비행기는 이제 이륙하겠습니다.
[이:륙]

여러분의 안전을 위해 좌석 벨트를 매셨는지 다시 한 번 확인해 주시기 바랍니다.
[좌:석]

Ladies and gentlemen,

we are now ready for take off.

Please make sure that your seat belt is securely fastened.

- 비행기를 비앵기로, 상황을 상항으로, 확인을 학인으로, 관제탑을 간제탑으로 발음하지 않는다.
- 장음에 주의하여 방송한다.
- fastened의 'ed' 음가에 주의하여 발음한다.
- 연음에 주의하여 발음한다.

# 잠깐! 점검해 볼까요?

**01**
기내 방송
개요

1. 기내 방송 시 편수와 시간을 넣어 다양하게 연습해 보시오.

**03**
영어 기내 방송
연습

1. 영어 방송문을 유의해야 할 발음, 연음에 주의하여 읽어 보시오.

**04**
탑승 환영
안내 방송

1. Welcome 방송문을 강세, 발음, 성량, 속도에 유의하여 읽어 보시오.

# APPE

# 부록

이륙 전 업무 실습

주요 항공 용어

NDIX

# 이륙 전 업무 실습

1. 이거 ○○항공 뉴욕행 맞나요?
2. 이 짐 어디 보관할 데 없어요?
3. 이 자리 어느 쪽으로 가야 돼요?
4. 내 일행과 떨어졌는데…
5. UM
6. 유아 동반 승객
7. 임산부
8. 휠체어
9. 큰 짐을 올리고 있는 승객
10. 유모차 어디에 보관해요?
11. 저 앞에 넓은 자리 빈 것 같은데 앉아도 되죠?
12. 내 자리에 누가 앉아 있는데…
13. 저 이 자리 앉기 싫은데…
14. 이거 약인데 냉장고에 보관해 주세요.
15. 목 마른데 지금 물 좀 마실 수 있을까요?
16. 약 먹게 물 좀 주세요.
17. 지금 화장실 써도 되나요?
18. 좌석 벨트가 짧아서 매지지가 않아요.

# 주요 항공 용어

APU(Auxiliary Power Unit) 항공기 꼬리부분에 달려 있는 보조 동력장치로 외부 동력 지원이 없을 때 자체적으로 전원을 공급할 수 있는 장치

ATC Holding(Air Traffic Control Holding) 공항의 혼잡 또는 기타 이유로 관제탑의 지시에 따라 항공기가 지상에서 대기하거나 공중에서 선회하는 것

Baggage Claim Tag 위탁 수하물의 식별을 위해 항공회사가 발행하는 수하물 증표

Block Time 항공기가 움직이기 시작(Push Back)해서부터 다음 목적지에 착륙하여 정지(Engine Shut Down)할 때까지의 시간

Boarding Pass 탑승권

Catering 기내에서 서비스되는 기내식 음료 및 기내 용품을 공급하는 업무로써 항공회사 자체가 기내식 공장을 운영하며 Catering을 하는 경우도 있으나 대부분은 Catering 전문회사에 위탁하고 있다.

Charter Flight 항공 운송사업은 정기편 운송사업과 부정기편 운송사업으로 대별된다. 공표된 스케줄에 따라 특정 구간을 정기적으로 운항하는 정기편 항공 운송과 달리 운항구간, 운항시기, 운항 스케줄 등이 부정기적인 항공 운송 형태를 말한다.

C.I.Q Customs(세관), Immigration(출입국), Quarantine(검역)의 첫 문자로 정부기관에 의한 출입국 절차에 대한 심사를 의미한다.

E/D Card(Embarkation/Disembarkation Card) 출입국 신고서

EMBARGO 어떤 항공회사가 특정 구간에 있어 특정 여객 및 화물에 대해 일정기간 동안 운송을 제한 또는 거절하는 것을 말한다.

ETA(Estimated Time Of Arrival) 도착 예정시간

ETD(Estimated Time Of Departure) 출발 예정시간

Excess Baggage Charge 무료 수하물량을 초과할 경우 부과되는 수하물 요금

Ferry Flight 유상 탑재물을 탑재치 않고 실시하는 비행을 말하며 항공기 도입, 정비, 편도, 전세 운항 등이 이에 속한다.

G/D(General Declaration) 항공기 출항허가를 받기 위해 유관기관에 제출하는 서류의 하나로 항공편의 일반적 사항, 승무원의 명단과 비행상의 특기사항 등이 기재되어 있다.

Go Show 예약이 확정되지 않은 승객이 해당 비행편의 잔여 좌석 발생 시 탑승하기 위해 공항에 나오는 것

GPU 지상에 있는 비행기에 외부의 전력을 공급하기 위한 교류발전기를 실은 전원장치

Hand Carried Baggage 기내 반입 수하물

IATA(International Air Transportation Association) 세계 각국의 민간 항공회사 단체로 1945년 결성되어 항공운임의 결정 및 항공사 간 운임정산 등의 업무를 행한다. 본부는 캐나다 몬트리올에 있다.

ICAO(International Civil Aviation Organization) 국제연합의 전문기구 중 하나로 국제 민간항공의 안진유지, 항공기술의 향상, 항공로와 항공시설의 발달, 촉진 등을 목적으로 1947년에 창설되었다. 한국은 1952년에 가입하였으며 본부는 캐나다의 몬트리올에 있다.

Joint Operation 항공협정상의 문제나 경쟁력 강화를 위하여 2개 이상의 항공회사가 공동 운항하는 것

Load Factor 공급 좌석에 대한 실제 탑승객의 비율(탑승객÷전체 공급 좌석×100)

MAS(Meet & Assist Service) VIP, CIP 또는 특별한 돌봄(Special Care)이 필요한 승객에 대한 공항에서의 영접 및 지원 업무

MCT(Minimum Connection Time) 연결편 항공기 탑승 시 소요되는 최소시간

No Show 예약이 확정된 승객이 당일 공항에 나타나지 않는 경우

NOSUBLO(No Subject To Load) 무상 또는 할인요금을 지불한 승객이지만 일반 유상 승객과 같이 좌석 예약이 확보되는 것

Off Line 자사 항공편이 취항하지 않는 지점 또는 구간

On Line 자사가 운항하고 있는 지점 또는 구간

Over Booking 특정 비행편에 판매가능 좌석수보다 예약자수가 더 많은 상태

Stop Over 여객이 출발지와 종착지 간의 중간 지점에서 체류하는 것을 의미하며, 요금 종류에 따라 불가능한 경우가 있다.

SUBLO(Subject To Load) 예약과 상관없이 공석이 있는 경우에만 탑승할 수 있는 무임 또는 할인운임 승객의 탑승조건(항공사 직원 등)

Transfer 여정상의 중간 지점에서 여객이나 화물이 특정 항공사의 비행편으로부터 동일 항공사의 다른 비행편이나 타 항공사의 비행편으로 바꿔 타거나 선달되는 것

Transit 여객이 중간 기착지에서 항공기를 갈아타는 것

TWOV(Transit without Visa) 해당 국가를 방문하려는 것이 아닌 제3국으로 가기 위한 단순 통과인 경우 입국 허가, 즉 사증(VISA)을 요구하지 않는 제도

UM(Unaccompanied Minor) 성인의 동반 없이 혼자 여행하는 유아나 소아

Weight & Balance 항공기의 중량 및 중심위치를 실측 또는 계산에 의해 산출하는 것